Jörg Polster

Der Judas-Effekt:
Der Verrat durch die
Jahrhunderte und seine
Auswirkungen in unserem
Leben

Jörg Polster

Der Judas-Effekt:
Der Verrat durch die
Jahrhunderte und seine
Auswirkungen in unserem
Leben

Historische und laienpsychologische
Einsichten und Analyse des Betrügers
und der Formen des Verrats sowie deren
Folgen und die Stellung der Loyalität

Bibliografische Information der Deutschen Nationalbibliothek: Die Deutsche Nationalbibliothek verzeichnet diese Publikation in der Deutschen Nationalbibliografie; detaillierte bibliografische Daten sind im Internet über dnb.dnb.de abrufbar

Verlag:

BoD · Books on Demand GmbH, In de Tarpen 42, 22848 Norderstedt, bod@bod.de

Druck:

Libri Plureos GmbH, Friedensallee 273, 22763 Hamburg

ISBN: 978-3-7597-1280-6

Inhaltsverzeichnis

Vorwort zum besseren Verständnis dieses Buches

Als ich begann, mich mit der Figur des Judas Iskariot zu beschäftigen, hatte ich zunächst eine klare Vorstellung von ihm: Er war der Verräter, der Jesus mit einem Kuss an seine Verfolger auslieferte, eine der verhasstesten Figuren der biblischen Erzählung. Doch je mehr ich mich mit seiner Geschichte auseinandersetzte, desto mehr begann ich, die Widersprüche und Schattierungen in diesem Mann zu sehen – und gleichzeitig auch in mir selbst, wie auch in jeder weiteren Person.

Judas ist nicht nur eine historische oder religiöse Figur, sondern ein Spiegel, der uns mit den tiefsten Abgründen unserer eigenen Menschlichkeit konfrontiert. Verrat ist keine ferne Tat, die nur anderen geschieht – er wohnt uns allen inne. Jeder von uns hat Momente erlebt, in denen Loyalität, Vertrauen oder moralische Überzeugungen ins Wanken geraten sind. Sei es durch eine bewusste Entscheidung oder durch das Zusammenspiel von Angst, Gier oder Selbsttäuschung: Der „Judas in uns" zeigt sich oft subtil und unerwartet.

Dieses Buch ist aus einer tiefen persönlichen Motivation heraus entstanden, mich nicht nur mit der historischen und biblischen Figur des Judas auseinanderzusetzen, sondern auch mit dem, was Verrat für uns als Individuen bedeutet. Wie entsteht Verrat? Welche psychologischen Mechanismen treiben uns an, anderen oder uns selbst untreu zu werden? Und welche Folgen hat das für unsere Beziehungen, unsere Identität und unser Leben?

In einer Zeit, in der Begriffe wie Loyalität und Vertrauen zunehmend in Frage gestellt werden, bietet die Geschichte von Judas eine Gelegenheit zur Selbstreflexion. Sie fordert uns heraus, uns unseren eigenen Schwächen und Fehlern zu stellen – nicht um uns zu verurteilen, sondern um besser zu verstehen, was es bedeutet, Mensch zu sein.

Ich lade Sie ein, mit mir auf eine Reise zu gehen: in die Tiefen der Geschichte, in die Komplexität der menschlichen Psyche und vielleicht sogar in das eigene Herz. Es ist eine Reise, die manchmal unbequem sein mag, aber ich hoffe, dass sie Ihnen neue Einsichten über sich selbst und andere schenkt.

Denn am Ende ist die Geschichte von Judas nicht nur die Geschichte eines Verrats. Es ist die Geschichte von Vergebung, Verantwortung und der Frage, wie wir mit unseren eigenen Schatten leben können.

Einblick in die Kindheit von Judas Iskariot

Die jüdische Dorfgemeinschaft

Die jüdische Dorfgemeinschaft zur Zeit Jesu war geprägt von starken sozialen Bindungen und einer tief verwurzelten kulturellen Identität. In einem kleinen Dorf lebten die Menschen in engem Kontakt miteinander, was eine Atmosphäre des Vertrauens und der gegenseitigen Unterstützung schuf. Diese Dorfgemeinschaft war nicht nur ein Ort des Wohnens, sondern auch ein Zentrum des Lernens und der religiösen Praxis. Die Traditionen des Judentums, inklusive der Tora-Studien, wurden in familiären und gemeinschaftlichen Zusammenkünften weitergegeben, was besonders für die Kinder von großer Bedeutung war.

In dieser Umgebung wuchs Judas Iskariot auf, umgeben von den Lehren und Werten seiner Vorfahren. Die Erziehung in einem jüdischen Dorf beinhaltete eine enge Verbindung zu den religiösen Praktiken, die auch die Grundlagen seines späteren Lebens als Schüler Jesu prägten. Die Dorfgemeinschaft spielte eine entscheidende Rolle in Judas's Entwicklung, da die Werte, die er in seiner Kindheit erlernte, seine späteren Entscheidungen maßgeblich beeinflussten. Die sozialen Strukturen, die in diesen Gemeinschaften existierten, schufen sowohl ein Gefühl der Zugehörigkeit als auch den Druck, sich den Erwartungen der Gemeinschaft anzupassen.

Die Beziehungen zwischen Judas und anderen wichtigen biblischen Figuren waren ebenfalls stark von der Dorfgemeinschaft geprägt. Die Interaktionen mit Gleichaltrigen und älteren Generationen, wie Petrus und Maria Magdalena, waren oft von den Normen und Traditionen des Dorfes beeinflusst. Diese Kontakte waren nicht nur wichtig für Judas's persönliche Entwicklung, sondern auch für die dynamischen sozialen Spannungen, die in der frühen christlichen Bewegung entstanden. Die Freundschaften, die in dieser Zeit geknüpft wurden, waren sowohl Quelle der Unterstützung als auch des Konflikts, was die Komplexität von Judas's Charakter und seinen späteren Entscheidungen verdeutlicht.

Der Verrat, den Judas schließlich beging, kann nicht losgelöst von der kulturellen Bedeutung des Verrats in der jüdischen Tradition betrachtet werden. In einer Gemeinschaft, wo Loyalität und Ehre hoch geschätzt wurden, war der Akt des Verrats eine der gravierendsten Sünden. Diese kulturellen Implikationen führten zu einem tiefen inneren Konflikt in Judas, der zwischen seinen persönlichen Überzeugungen und den Erwartungen seiner Gemeinschaft hin- und hergerissen war. Der Einfluss dieser sozialen Normen auf seine Entscheidungen ist ein zentrales Thema, das seine Rolle in der biblischen Erzählung umso komplexer macht.

So lässt sich festhalten, dass die jüdische Dorfgemeinschaft einen entscheidenden Einfluss auf die Kindheit und Erziehung von Judas Iskariot hatte. Die sozialen, kulturellen und religiösen Aspekte dieser Gemeinschaft prägten nicht nur Judas's Identität, sondern auch seine zukünftigen Beziehungen und Entscheidungen. Die Frage, was geschehen wäre, wenn Judas andere Entscheidungen getroffen hätte, bleibt in diesem Kontext besonders faszinierend, da sie die tiefen Wurzeln seiner Handlungen und deren Auswirkungen auf die ersten Christen beleuchtet. Die Erzählung von Judas ist somit nicht nur die eines Verräters, sondern auch die eines Produkts seiner Zeit und seines sozialen Umfeldes.

Familie und frühkindliche Prägung

Familie spielt eine entscheidende Rolle in der frühkindlichen Prägung und formt die Werte, Überzeugungen und das Verhalten eines Kindes. In einem jüdischen Dorf zur Zeit Jesu war die Familie das zentrale soziale und kulturelle Gefüge. Die Erziehung von Judas Iskariot, wie auch die seiner Altersgenossen, fand in einem Umfeld statt, das stark von Traditionen und religiösen Praktiken geprägt war. Eltern, Großeltern und erweiterte Familienmitglieder hatten einen großen Einfluss auf die Entwicklung der Kinder. Die familiäre Struktur bot sowohl Sicherheit als auch die Möglichkeit, soziale Normen und religiöse Rituale zu erlernen.

Im jüdischen Kontext war die religiöse Erziehung von besonderer Bedeutung. Die Kinder wurden in den Lehren der Tora unterrichtet und lernten die Geschichten ihrer Vorfahren kennen. Judas Iskariot wuchs in einem Umfeld auf, in dem der Glaube an Gott und die Einhaltung der Gebote eine zentrale Rolle spielten. Seine Familie vermittelte ihm nicht nur die religiösen Grundsätze, sondern auch die ethischen Werte, die für das Zusammenleben in der Gemeinschaft unerlässlich waren. Der Einfluss seiner Familie hätte somit auch seine späteren Entscheidungen und seine Beziehung zu Jesus geprägt.

Die Beziehung zwischen Judas und seinen Geschwistern, wie auch zu Freunden und Nachbarn, trug zur Bildung seiner Identität bei. In einem kleinen Dorf war das soziale Gefüge eng miteinander verflochten, und die Interaktionen mit Gleichaltrigen waren entscheidend für die Entwicklung sozialer Fähigkeiten. Die Konflikte und Herausforderungen, die Judas in seiner Kindheit erlebte, prägten seine Persönlichkeit und könnten einen Einfluss auf seine späteren Entscheidungen gehabt haben, insbesondere in Bezug auf seine Loyalität gegenüber Jesus und der Gruppe der Jünger.

Ein weiterer wichtiger Aspekt seiner frühkindlichen Prägung war die gesellschaftliche Erwartung, die an ihn gestellt wurde. In der jüdischen Kultur gab es klare Rollen und Erwartungen, die das Verhalten eines Jungen bestimmten. Judas war möglicherweise mit dem Druck konfrontiert, den

Erwartungen seiner Familie und der Gemeinschaft gerecht zu werden. Diese Erwartungen könnten ihn dazu motiviert haben, bestimmte Entscheidungen zu treffen, die letztlich zu seiner Rolle als Verräter führten. Der innere Konflikt zwischen persönlichen Wünschen und gesellschaftlichen Erwartungen könnte eine zentrale Herausforderung in seinem Leben gewesen sein.

Zusammenfassend kann man feststellen, dass die Familie und die frühkindliche Prägung von Judas Iskariot entscheidend für seine Entwicklung und seine späteren Entscheidungen waren. Die Werte, die ihm vermittelt wurden, die sozialen Interaktionen und die Erwartungen, die an ihn gestellt wurden, formten das Fundament seiner Identität. Diese Faktoren müssen berücksichtigt werden, um ein umfassenderes Verständnis für Judas's Handlungen und deren Auswirkungen auf die frühe Christenheit zu gewinnen.

Religiöse Erziehung und Traditionen

Religiöse Erziehung spielte eine zentrale Rolle in der Kindheit Judas Iskariots und prägte seine Werte und Überzeugungen. In einem jüdischen Dorf, wie es zur Zeit Jesu üblich war, war die religiöse Erziehung nicht nur auf den Unterricht in der Tora beschränkt, sondern umfasste auch das Erlernen von Traditionen, Gebeten und Ritualen, die das tägliche Leben bestimmten. Die Kinder wurden dazu angehalten, die Lehren der Weisen und Rabbis zu studieren, was ihre moralische und ethische Entwicklung förderte. Diese Grundlagen waren entscheidend für die Identität Judas und gaben ihm eine tiefere Verbindung zu seinem Volk und dessen Glauben.

Traditionen waren in der jüdischen Kultur von großer Bedeutung und wurden von Generation zu Generation weitergegeben. Feste wie Pessach oder Schawuot waren nicht nur religiöse Veranstaltungen, sondern auch Gelegenheiten, die gemeinsame Identität und den Zusammenhalt der Gemeinschaft zu stärken. Judas wuchs in einem Umfeld auf, in dem diese Traditionen lebendig waren und in das tägliche Leben integriert wurden. Die Teilnahme an diesen Festen und Ritualen formte sein Verständnis von Gemeinschaft und Zugehörigkeit und könnte eine Rolle in seinen späteren Entscheidungen gespielt haben.

Der Einfluss von Jesus auf Judas Iskariot kann nicht ignoriert werden. Als Schüler Jesu wurde Judas mit einer neuen Interpretation der jüdischen Lehren konfrontiert. Die Unterscheidung zwischen dem traditionellen jüdischen Glauben und den revolutionären Ideen Jesu führte zu inneren Konflikten. Judas, der in vielen Aspekten ein loyaler Anhänger Jesu war, fand sich in einem Spannungsfeld zwischen den Erwartungen seiner jüdischen Wurzeln und den radikalen Lehren seines Lehrmeisters. Diese Konflikte könnten entscheidend dafür gewesen sein, wie Judas seine Rolle in der frühen christlichen Gemeinde wahrnahm.

Der Verrat von Judas an Jesus hat nicht nur die Geschichte des Christentums geprägt, sondern auch die Wahrnehmung des Verrats in der jüdischen Kultur zur Zeit Jesu. In der jüdischen Tradition wurde Loyalität hoch geschätzt, und der Verrat stellte eine der schwersten Sünden dar. Judas' Entscheidung, Jesus zu verraten, wurde daher von vielen als der endgültige Bruch mit seinen kulturellen und religiösen Wurzeln betrachtet. Dieser Schritt führte zu einer Neubewertung seiner Beziehungen zu anderen biblischen Figuren wie Maria Magdalena und Petrus, die unterschiedliche Perspektiven auf Loyalität und Verrat hatten.

Am Ende lässt sich sagen, dass die religiöse Erziehung und die Traditionen, die Judas Iskariot prägten, sowohl seine Identität als auch seine Entscheidungen beeinflussten. Wäre Judas in einem anderen kulturellen oder religiösen Kontext aufgewachsen, hätte sich sein Schicksal möglicherweise anders entfaltet. Diese Fragen der Alternativen und der hypothetischen Szenarien bieten einen faszinierenden Einblick in die Komplexität seiner Figur und die Dynamik der frühen christlichen Gemeinschaft. Die Betrachtung von Judas' Beziehungen zu anderen Figuren der Bibel zeigt, wie tief verwurzelt seine Entscheidungen in den Traditionen und der Erziehung seiner Kindheit waren.

Judas Iskariot als Schüler von Jesus

Die ersten Begegnungen mit Jesus

Die ersten Begegnungen mit Jesus waren für Judas Iskariot prägend und markierten einen entscheidenden Wendepunkt in seinem jungen Leben. In einem kleinen jüdischen Dorf aufgewachsen, war Judas von den Lehren der Tora und den Traditionen seiner Vorfahren umgeben. Dennoch war die Ankunft Jesu und seine Lehren eine Offenbarung für viele, darunter auch Judas. Als Jesus zu predigen begann, wurde er schnell zum Mittelpunkt der jüdischen Gemeinschaft. Die Neugier und das Streben nach Wahrheit trieben Judas dazu, Jesus näher kennenzulernen und seine Botschaft zu erfassen.

Judas' erste Begegnungen mit Jesus fanden in einem Kontext statt, der von religiösem Eifer und einer tiefen Sehnsucht nach Erlösung geprägt war. Jesus sprach mit einer Autorität, die die Zuhörer in ihren Bann zog. Für Judas, der in seiner Kindheit oft mit den Erwartungen der Tradition konfrontiert war, war Jesus eine erfrischende Abweichung von den Normen. Diese Begegnungen waren nicht nur lehrreich, sondern auch emotional aufgeladen. Judas erlebte eine Verbindung zu Jesus, die über den Lehrer-Schüler-Rahmen hinausging und ihm das Gefühl gab, Teil einer größeren Mission zu sein.

Die Dynamik zwischen Judas und Jesus entwickelte sich schnell. Während Judas als Schüler auftrat, begannen sich in ihm auch innerliche Konflikte zu regen. Er war hin- und hergerissen zwischen dem Wunsch, den Lehren Jesu zu folgen, und den Erwartungen seiner eigenen Gemeinschaft. Diese Spannungen spiegelten sich in den Gesprächen wider, die er mit anderen Jüngern führte. Besonders die Beziehungen zu Petrus und Maria Magdalena waren von Bedeutung, da sie unterschiedliche Perspektiven auf die Botschaft Jesu und die daraus resultierenden Herausforderungen boten.

Die Bedeutung dieser ersten Begegnungen kann nicht hoch genug eingeschätzt werden. Sie beeinflussten nicht nur Judas, sondern auch die gesamte Gemeinschaft der Jünger und die Entstehung der frühen christlichen Kirche. Die erste Zeit mit Jesus stellte Fragen auf, die weit über die persönliche Beziehung hinausgingen. Judas begann, über den Verrat nachzudenken, der ihn später definieren sollte, und über die Rolle, die er in der Erfüllung der Prophezeiungen spielen könnte. Diese Überlegungen führten zu einem inneren Konflikt, der sich mit der Zeit weiter vertiefte und Judas' Entscheidungen maßgeblich beeinflusste.

Die ersten Begegnungen mit Jesus waren somit nicht nur eine Einführung in eine neue Lehre, sondern auch der Beginn eines komplexen und tragischen Kapitels im Leben von Judas Iskariot. Die Dynamik dieser Beziehung, die von

Bewunderung und Zweifel geprägt war, legte den Grundstein für die Herausforderungen, die Judas später erleben würde. Diese frühen Erfahrungen waren entscheidend für das Verständnis von Judas' innerem Kampf und den Entscheidungen, die seine Zukunft bestimmen sollten.

Lernen und Zweifel: Judas' Perspektive

Judas Iskariot wuchs in einem jüdischen Dorf auf, das stark von den Traditionen und Lehren seiner Vorfahren geprägt war. In dieser Umgebung war das Lernen nicht nur ein intellektueller Prozess, sondern auch eine spirituelle Reise, die durch Fragen und Zweifel gekennzeichnet war. Für Judas war das Lernen eine ständige Auseinandersetzung mit den jüdischen Schriften und den Erwartungen seiner Gemeinschaft. Diese Erziehung förderte ein tiefes Bedürfnis nach Verständnis und Wahrheit, was ihn schließlich auf den Weg zu Jesus führte, einem Lehrer, dessen Lehren sowohl Erleuchtung als auch Verwirrung brachten.

Als Jesus begann, seine Jünger auszuwählen, war Judas einer der ersten, die ihm folgten. Diese Entscheidung war nicht nur ein einfacher Akt des Glaubens, sondern auch eine Quelle innerer Konflikte. Judas sah in Jesus den Messias, doch mit der Zeit kamen Zweifel auf. Die Lehren Jesu, die oft gegen die traditionelle jüdische Auffassung verstießen, stellten Judas vor die Herausforderung, seine tief verwurzelten

Überzeugungen in Frage zu stellen. Diese Zweifel wurden noch verstärkt durch die unterschiedlichen Reaktionen der anderen Jünger und der religiösen Führer seiner Zeit.

Die Bedeutung des Verrats, den Judas schließlich beging, kann nicht isoliert betrachtet werden. In der jüdischen Kultur zur Zeit Jesu war Verrat ein schwerwiegendes Vergehen, das nicht nur persönliche, sondern auch kollektive Konsequenzen hatte. Judas' Perspektive auf Verrat war geprägt von seinem inneren Konflikt zwischen Loyalität und dem Streben nach Wahrheit. Er sah sich selbst in einer Zwickmühle: sollte er die Lehren Jesu weiterhin unterstützen, auch wenn sie in direktem Widerspruch zu den Erwartungen seines Volkes standen, oder sollte er seinen eigenen Weg finden, um seinen Platz in der Welt zu definieren?

Die Entscheidungen, die Judas traf, hatten weitreichende Auswirkungen auf die frühen Christen. Sein Verrat führte nicht nur zur Verhaftung und Kreuzigung Jesu, sondern auch zur Spaltung innerhalb der jüdischen Gemeinschaft und zur Entstehung einer neuen religiösen Bewegung. Judas' Handlungen wurden von seinen Zeitgenossen unterschiedlich interpretiert und beeinflussten die Wahrnehmung von Verrat im frühen Christentum. Diese komplexen Dynamiken zeigen, wie eine einzige Entscheidung das Schicksal vieler Menschen verändern kann und wie Judas als historische Figur sowohl gefürchtet als auch missverstanden wurde.

Schließlich ist es von Bedeutung, über Alternativen zu Judas' Schicksal nachzudenken. Was wäre geschehen, wenn er seine Zweifel überwunden und seine Loyalität zu Jesus beibehalten hätte? Diese hypothetischen Szenarien bieten wertvolle Einblicke in die Beziehungen zwischen Judas und anderen biblischen Figuren, wie Maria Magdalena oder Petrus. Diese Beziehungen waren geprägt von tiefen Emotionen und Konflikten, die die menschliche Natur und die Suche nach Identität in einer sich verändernden Welt widerspiegeln. Judas' Geschichte ist somit nicht nur die eines Verräters, sondern auch die eines Suchenden, der in einer Zeit großer Umwälzungen nach seinem Platz im Universum suchte.

Konflikte innerhalb der Jüngerschaft

Konflikte innerhalb der Jüngerschaft waren ein zentrales Thema im Leben der Apostel, und sie spiegelten oft die tieferen Spannungen und unterschiedlichen Perspektiven innerhalb der frühen christlichen Gemeinschaft wider. Besonders in der Beziehung zu Judas Iskariot zeigen sich diese Konflikte in vielschichtiger Weise. Judas, als einer der zwölf Jünger, war nicht nur Zeuge der Lehren Jesu, sondern auch in einer Position, die ihn in ständige Auseinandersetzung mit den anderen Jüngern brachte. Diese Spannungen waren nicht nur persönlicher Natur, sondern hatten auch tiefere kulturelle und religiöse Wurzeln.

Die Dynamik zwischen Judas und anderen Jüngern, insbesondere Petrus und Johannes, war oft von Rivalität und Missverständnissen geprägt. Während Petrus als Führer und Sprecher der Gruppe auftrat, wurde Judas häufig als derjenige wahrgenommen, der die finanziellen Angelegenheiten der Gemeinschaft verwaltete. Diese Rolle brachte eine gewisse Verantwortung mit sich, aber auch Misstrauen, da andere Jünger möglicherweise an seinen Motiven zweifelten. Die ständige Vergleichbarkeit und die damit verbundenen Konflikte führten zu einem angespannten Klima innerhalb der Jüngerschaft.

Ein weiterer Aspekt dieser Konflikte war die unterschiedliche Interpretation von Jesu Lehren. Judas brachte möglicherweise eine pragmatische Sichtweise ein, die nicht immer mit der spirituellen Vision seiner Mitjünger übereinstimmte. Während einige Jünger nach einer messianischen Befreiung Israels strebten, könnte Judas erkannt haben, dass der Weg Jesu eine andere Richtung einschlug. Diese Differenz in der Wahrnehmung der Mission Jesu führte zu Spannungen, die sich in Diskussionen und gelegentlichen Auseinandersetzungen äußerten.

Die kulturellen Kontexte, in denen diese Konflikte stattfanden, waren ebenfalls entscheidend. Im jüdischen Dorf, in dem Judas aufwuchs, waren Traditionen und gesellschaftliche Normen, wie ich schon beschrieb, stark ausgeprägt. Diese Hintergründe beeinflussten, wie Judas und seine Mitjünger miteinander umgingen und wie sie Jesu Lehren interpretierten. Die Erwartungen an einen Messias waren hoch und speisten sich aus Jahrhunderten der Tradition, was zusätzlichen Druck auf die Jüngerschaft ausübte und zu Konflikten führte, die nicht leicht zu lösen waren.

Letztlich sind die Konflikte innerhalb der Jüngerschaft nicht nur für das Verständnis von Judas Iskariot von Bedeutung, sondern auch für die frühe christliche Bewegung insgesamt. Sie bieten Einblicke in die Herausforderungen und Spannungen, die die Jünger erlebten, und beleuchten die komplexen Beziehungen, die sie miteinander hatten. Diese Konflikte trugen dazu bei, die Identität der ersten Christen zu formen und die Entwicklung der frühen Kirche zu beeinflussen. Judas's Entscheidungen und die Konflikte, die ihn umgaben, sind daher von entscheidender Bedeutung für das Verständnis seiner Rolle und seines Erbes in der christlichen Tradition.

Verrat und seine kulturelle Bedeutung

Verrat in der jüdischen Tradition

Verrat nimmt in der jüdischen Tradition, wie bereits dargestellt, eine komplexe und vielschichtige Rolle ein, insbesondere im Kontext der biblischen Erzählungen. In der jüdischen Kultur sind die Konzepte von Loyalität und Verrat stark miteinander verknüpft, und die Erzählungen aus der hebräischen Bibel bieten zahlreiche Beispiele für diese Dynamik. Historisch gesehen wird Verrat oft als eine der schlimmsten Taten erachtet, die nicht nur zwischen Individuen, sondern auch innerhalb von Gemeinschaften und Familien verheerende Auswirkungen haben kann. Diese tief verwurzelte Auffassung von Verrat hat auch Einfluss auf die Wahrnehmung von Figuren wie Judas Iskariot, dessen Handlungen in der christlichen Tradition häufig als ultimatives Beispiel für Verrat betrachtet werden.

Die Kindheit und Erziehung von Judas Iskariot in einem jüdischen Dorf hat den Grundstein für seine späteren Entscheidungen gelegt. In einer Zeit, in der die jüdische Identität stark durch Tradition und religiöse Praktiken geprägt war, war Judas's Umfeld entscheidend für die Entwicklung seiner Werte und Überzeugungen gewesen. Die Gemeinschaft, in der er aufwuchs, hat ihm sowohl die Bedeutung von Loyalität als auch die Risiken von Verrat vermittelt. Diese Werte waren in den alltäglichen Interaktionen seiner Familie und Nachbarn verankert gewesen und hatten einen tiefen Einfluss auf seine Wahrnehmung von Jesus und seiner Lehre ausgeübt.

Als Schüler von Jesus war Judas Iskariot in eine dynamische Beziehung eingebunden, die von tiefen Einsichten, aber auch von Konflikten geprägt war. Die Lehren Jesu forderten oft die bestehenden sozialen und religiösen Normen heraus, was zu Spannungen innerhalb der Jüngergruppe führte. Judas's Rolle in dieser Gruppe war ambivalent; während er die Lehren Jesu schätzte, ist er gleichzeitig von Zweifeln und inneren Konflikten geplagt gewesen. Diese Spannungen haben in Verbindung mit der jüdischen Tradition des Verrats gestanden, die oft als eine Abkehr von der Gemeinschaft und den gemeinsamen Werten betrachtet wird.

Die Bedeutung von Verrat in der jüdischen Kultur zur Zeit Jesu kann auch nicht isoliert von den politischen und sozialen Umständen betrachtet werden. Die römische Besatzung und die damit verbundenen Spannungen führten dazu, dass viele Juden in einer ständigen Lage der Unsicherheit lebten. In diesem Kontext könnte Judas's Verrat als Versuch gedeutet werden, eine Art Kontrolle oder Einfluss zu erlangen, auch wenn dies letztendlich zu seinem persönlichen und spirituellen Ruin führte. Diese Dynamik zeigt, wie Verrat nicht nur eine moralische Fragestellung ist, sondern auch tief in die sozialen Strukturen und Machtverhältnisse eingebettet ist.

Die Entscheidungen von Judas Iskariot hatten weitreichende Konsequenzen für die ersten Christen und die Entwicklung des Christentums. Sein Verrat führte nicht nur zur Festnahme Jesu, sondern auch zur Entstehung einer neuen religiösen Identität, die von der Abgrenzung zu den jüdischen

Traditionen geprägt war. Diese Abgrenzung könnte als eine Form des kulturellen Verrats interpretiert werden, die die Gemeinschaft der ersten Christen tief beeinflusste. Zudem stellt sich die Frage nach Alternativen zu Judas' Schicksal: Was wäre geschehen, wenn er andere Entscheidungen getroffen hätte? Hätte sich die Geschichte der frühen Kirche anders entfaltet, hätte er vielleicht eine zentrale Rolle in der Verbreitung der Lehren Jesu spielen können, anstatt als Symbol des Verrats in die Annalen der Geschichte einzugehen.

Judas' Rolle im Kontext der Passahgeschichte

Judas' Rolle im Kontext der Passahgeschichte ist von entscheidender Bedeutung für das Verständnis der Ereignisse, die zur Kreuzigung Jesu führten. In der jüdischen Tradition spielt das Passahfest eine zentrale Rolle, da es an den Auszug der Israeliten aus der ägyptischen Knechtschaft erinnert. In dieser Zeit war Judas Iskariot nicht nur ein einfacher Jünger, sondern auch ein Teil einer tief verwurzelten religiösen Praxis, die mit Fragen von Identität, Loyalität und Verrat verbunden war. Sein Handeln während der Passahwoche wird häufig als der ultimative Verrat interpretiert, doch ist es wichtig, diesen Kontext zu betrachten, um die Komplexität seiner Entscheidungen zu verstehen.

Die Beziehung zwischen Judas und Jesus entwickelt sich vor dem Hintergrund intensiver Lehren und gemeinsamer Erlebnisse. Als Schüler Jesu war Judas Zeuge von Wundern und bedeutenden Lehren, die tief in der jüdischen Tradition verwurzelt waren. Dennoch war er auch mit inneren Konflikten konfrontiert. Die Unzufriedenheit mit der sozialen und politischen Situation in Judaea könnte seine Motivation beeinflusst haben. Judas könnte versucht gewesen sein, einen Weg zu finden, durch den er die messianische Mission Jesu vorantreiben konnte, auch wenn dies in einem Akt des Verrats mündete.

Im Kontext der Passahgeschichte wird Judas oft als derjenige dargestellt, der den entscheidenden Schritt in der Verhaftung Jesu unternahm. Die 30 Silberlinge, für die er Jesus verriet, sind nicht nur ein Symbol für materiellen Gewinn, sondern reflektieren auch die tiefere Frage nach Loyalität gegenüber der eigenen Gemeinschaft und den persönlichen Überzeugungen. Der Verrat Judas's sticht besonders hervor, wenn man die Erwartungen der jüdischen Bevölkerung an einen Messias betrachtet, der politische Freiheit und Befreiung bringen sollte. Judas's Entscheidung, Jesus zu verraten, könnte aus dem Gefühl entstanden sein, dass die messianische Hoffnung in Gefahr war.

Die Bedeutung von Judas's Entscheidungen erstreckt sich jedoch weit über seinen Verrat hinaus. Sie beeinflussten die frühen Christen und prägten deren Verständnis von Verrat und Vergebung. Judas wird häufig als Antagonist dargestellt, doch seine Taten führten auch zu einer tiefen Reflexion über die menschliche Natur, die Schwächen der Jünger und die Komplexität der göttlichen Vorsehung. Diese Dynamik zwischen Verrat und Erlösung ist ein zentrales Thema, das nicht nur die Entwicklung der frühen Kirche, sondern auch die theologische Diskussion über Sünde und Gnade geprägt hat.

Schließlich ist es interessant, Alternativen zu Judas' Schicksal zu betrachten. Was wäre geschehen, wenn er sich anders entschieden hätte? Hätte er die Rolle des Verräters ablegen und als treuer Jünger in die Geschichte eingehen können? Diese Überlegungen werfen ein Licht auf die Beziehungen zwischen Judas und anderen biblischen Figuren wie Maria Magdalena und Petrus. In einem anderen Szenario hätte Judas vielleicht eine Rolle gespielt, die die Dynamik der Jüngerschaft und die Botschaft Jesu entscheidend verändert hätte. Solche Spekulationen zeigen, wie tief verwurzelt die Themen von Loyalität, Verrat und Hoffnung im jüdischen Glauben und in der frühen christlichen Gemeinschaft sind.

Die moralischen Implikationen des Verrats

Die moralischen Implikationen des Verrats sind ein zentrales Thema in der Betrachtung von Judas Iskariot. Sein Verrat an

Jesus Christus hat nicht nur tiefgreifende Auswirkungen auf die christliche Tradition, sondern auch auf die jüdische Kultur zur Zeit Jesu. In einem jüdischen Dorf, in dem Gemeinschaft und Loyalität von größter Bedeutung waren, stellt Judas's Entscheidung, seinen Lehrer und Freund zu verraten, eine fundamentale moralische Krise dar. Die Frage nach der Treue zu den eigenen Überzeugungen und den Erwartungen der Gemeinschaft wird in diesem Kontext besonders relevant.

Judas's Rolle als Schüler Jesu bringt zusätzliche Komplexität in die moralische Bewertung seines Handelns. Als einer der engsten Vertrauten Jesu hatte Judas Zugang zu dessen Lehren und Werten. Seine Entscheidung, Jesus zu verraten, könnte als das ultimative Versagen angesehen werden, die ethischen Prinzipien, die er gelernt hatte, in die Tat umzusetzen. Dies wirft die Frage auf, inwieweit die Erziehung und die sozialen Umstände eines Individuums seine moralischen Entscheidungen beeinflussen können. Die Spannungen zwischen persönlichen Überzeugungen und den Erwartungen der Gemeinschaft sind in Judas's Fall besonders ausgeprägt.

In der jüdischen Kultur zur Zeit Jesu hatte Verrat, wie bereits erwähnt, eine tiefere Bedeutung, die über den persönlichen Konflikt hinausging. Der Begriff des Verrats war also eng mit Fragen der Identität und der Zugehörigkeit verbunden. Judas's Handeln könnte auch als Angriff auf die kollektive

Identität der Jünger und der jüdischen Gemeinschaft insgesamt angesehen werden. In einer Zeit, in der die jüdische Identität durch äußere Bedrohungen gefährdet war, stellt Judas's Verrat eine zusätzliche Schicht von moralischen und ethischen Dilemmata dar, die die Gemeinschaft erschütterten.

Die Auswirkungen von Judas's Entscheidungen auf die ersten Christen sind ebenfalls von erheblicher Bedeutung. Sein Verrat führte nicht nur zur Kreuzigung Jesu, sondern auch zu einem tiefen Riss innerhalb der Gemeinschaft der Gläubigen. Die Frage, wie die ersten Christen mit dem Verrat umgingen und welche Lehren sie daraus zogen, ist entscheidend für das Verständnis der Entwicklung des Christentums. Judas wird oft als Symbol des Verrats dargestellt, aber seine Entscheidungen regen auch zu einer Reflexion über Vergebung und die Möglichkeit der moralischen Rehabilitation an.

Was wäre aber geschehen, wenn er andere Entscheidungen getroffen hätte? Hätte eine andere Wahl sowohl für ihn als auch für die frühe Kirche unterschiedliche moralische Implikationen gehabt? Diese Überlegungen eröffnen neue Perspektiven auf die Beziehungen zwischen Judas und anderen biblischen Figuren. Indem man die moralischen Dimensionen von Verrat und Loyalität in diesen Beziehungen beleuchtet, wird deutlich, wie komplex und vielschichtig die moralischen Implikationen des Verrats in der biblischen Erzählung sind.

Judas' Entscheidungen und ihre Auswirkungen

Der Verrat und seine Folgen für die ersten Christen

Der Verrat von Judas Iskariot an Jesus hat nicht nur das Leben des Meisters und seiner Jünger grundlegend verändert, sondern auch die Entwicklung der frühen Christlichen Gemeinschaft maßgeblich beeinflusst. In den Evangelien wird Judas oft als der Inbegriff des Verrats dargestellt, doch die Auswirkungen seines Handelns gehen weit über die unmittelbaren Ereignisse der Kreuzigung hinaus. Der Verrat führte zu einem tiefen Bruch innerhalb der Jüngerschar und stellte die Loyalität und den Glauben der ersten Christen auf eine harte Probe. Dies hatte zur Folge, dass der Glaube an Jesus und seine Botschaft in einer Zeit der Unsicherheit und Verwirrung besonders herausgefordert wurde.

Die ersten Christen mussten sich nach dem Tod Jesu mit der Frage auseinandersetzen, was Judas's Verrat für ihre Gemeinschaft bedeutete. Dieser Verrat stellte nicht nur die

Autorität Jesu in Frage, sondern auch die Integrität der Jünger. Viele, die Jesus gefolgt waren, mussten erkennen, dass selbst unter den engsten Vertrauten des Meisters Zweifel und Uneinigkeit herrschten. Dies führte zu einer verstärkten Suche nach einer klaren Identität und einem Verständnis, wie man in einer Welt, die von Verrat und Enttäuschung geprägt war, als Nachfolger Christi leben konnte.

Verrat wurde bisher als eine der schwersten Sünden angesehen, die nicht nur persönliche, sondern auch kollektive Konsequenzen nach sich zog. Judas's Entscheidung, Jesus zu verraten, wurde von den ersten Christen als eine Warnung verstanden. Diese kulturellen Hintergründe führten dazu, dass die frühe Kirche Versöhnung und Vergebung in den Mittelpunkt ihrer Lehre stellte, um den Schmerz und die Zweifel, die durch den Verrat entstanden waren, zu heilen.

Die Beziehungen zwischen Judas und anderen biblischen Figuren, wie Maria Magdalena oder Petrus, wurden durch den Verrat ebenfalls neu definiert. Während Petrus als der Fels gilt, auf dem die Kirche gebaut wurde, wurde Judas zum Symbol für das Scheitern und die Abkehr. Maria Magdalena, die oft als treue Anhängerin Jesu dargestellt wird, könnte in dieser Dynamik eine Rolle als Vermittlerin gespielt haben, die die Botschaft von Liebe und Vergebung weitertrug. Der Verrat führte zu einer tiefen Spaltung, aber auch zu einem Verständnis darüber, wie wichtig Gemeinschaft und Unterstützung unter den Jüngern waren.

Schließlich wirft die Frage nach Alternativen zu Judas's Schicksal ein Licht auf die Möglichkeiten, die den ersten Christen offenstanden. Hätte Judas anders gehandelt, hätte dies die Entstehung des Christentums und die Verbreitung der Botschaft Jesu beeinflussen können? Diese Überlegungen regen dazu an, die verschiedenen Wege zu erkunden, die die ersten Christen einschlagen konnten, und wie diese Wege möglicherweise eine andere Geschichte der frühen Kirche geschrieben hätten. Der Verrat bleibt ein zentrales Thema, das nicht nur die Vergangenheit prägt, sondern auch die zukünftigen Generationen von Gläubigen immer wieder herausfordert.

Die Entwicklung der christlichen Gemeinschaft

Die Entwicklung der christlichen Gemeinschaft war ein komplexer Prozess, der stark von den sozialen und religiösen Strukturen des ersten Jahrhunderts geprägt war. Nach dem Tod und der Auferstehung Jesu begann sich eine Gruppe von Anhängern zu formieren, die nicht nur die Lehren Jesu verbreiten, sondern auch eine neue Identität als Gemeinschaft um seine Lehren herum entwickeln wollten. Diese frühe Gemeinschaft bestand überwiegend aus jüdischen Gläubigen, die den jüdischen Glauben mit den Lehren Jesu verbanden und eine neue religiöse Praxis und Identität suchten.

In dieser Zeit war die Beziehung zwischen den frühen Christen und dem Judentum von entscheidender Bedeutung. Judas Iskariot, als einer der zwölf Jünger, spielte dabei eine ambivalente Rolle. Seine Beziehung zu Jesus und den anderen Jüngern war geprägt von einer tiefen inneren Zerrissenheit und Konflikten, die nicht nur sein eigenes Schicksal, sondern auch das der gesamten Gemeinschaft beeinflussten. In diesem Kontext ist es wichtig, die Dynamik zwischen den Jüngern zu betrachten, insbesondere zwischen Judas, Petrus und anderen zentralen Figuren, um die Spannungen und Herausforderungen zu verstehen, die die christliche Gemeinschaft in ihren Anfängen prägten.

Die Bedeutung des Verrats, den Judas beging, kann nicht unterschätzt werden. In der jüdischen Kultur zur Zeit Jesu war Verrat, wie bereits erkannt, ein schwerwiegendes Vergehen, das nicht nur persönliche, sondern auch kollektive Konsequenzen hatte. Judas' Entscheidung, Jesus zu verraten, führte zu einer tiefen Spaltung innerhalb der Gemeinschaft und zu Fragen über Loyalität, Glauben und die wahre Natur des Messias. Diese Ereignisse hinterließen nicht nur einen bleibenden Eindruck auf die Jünger, sondern prägten auch die Wahrnehmung der frühen Christen in der weiteren jüdischen und später auch der römischen Gesellschaft.

Die Entscheidungen, die Judas traf, hatten weitreichende Auswirkungen auf die Entwicklung der ersten Christen. Die Auseinandersetzung mit seinem Verrat und die Suche nach einem Nachfolger für Judas verdeutlichen, wie die Gemeinschaft mit dem Verlust umging und wie sie sich neu definieren wollte. Diese Zeit war von Unsicherheit geprägt, und die Gläubigen mussten Wege finden, ihren Glauben zu festigen und die Lehren Jesu in einer feindlichen Umgebung zu verbreiten. Die Herausforderungen, die sich aus Judas' Handlungen ergaben, führten letztlich zu einer stärkeren Kohäsion innerhalb der Gemeinschaft, die sich entschloss, ihre Identität und Mission trotz der widrigen Umstände zu bewahren.

So war die Entwicklung der christlichen Gemeinschaft untrennbar mit der Figur Judas Iskariot verbunden und wird es immer sein. Sein Verrat und die daraus resultierenden Konflikte boten der Gemeinschaft die Möglichkeit, sich zu reflektieren und zu wachsen. Alternativen zu Judas' Schicksal werfen interessante Fragen auf, die die Vorstellungskraft anregen und uns dazu anregen, darüber nachzudenken, wie sich die Geschichte anders hätte entwickeln können. Die Beziehungen zwischen Judas und anderen biblischen Figuren sind dabei nicht nur von historischer Bedeutung, sondern bieten auch tiefere Einblicke in die menschliche Natur und die Herausforderungen, die mit Glauben, Loyalität und Verrat verbunden sind.

Judas' Vermächtnis in der frühen Kirche

Judas Iskariot, als einer der zwölf Jünger Jesu, hat in der frühen Kirche ein ambivalentes Erbe hinterlassen. Sein Verrat, der zur Kreuzigung Jesu führte, wurde oft als das ultimative Zeichen des Verrats interpretiert. Dennoch gibt es in der frühen Kirche auch Versuche, Judas's Rolle differenzierter zu betrachten. In den ersten Jahrhunderten nach Christus wurde die Figur des Judas sowohl als Verräter wie auch als auch als notwendiger Teil des göttlichen Plans angesehen. Diese duale Sichtweise prägte die theologischen Debatten und die Entwicklung der christlichen Identität bis heute.

Als Schüler Jesu hatte Judas Zugang zu einer besonderen Lehre und Gemeinschaft, die ihn sowohl prägte als auch in Konflikt mit den Erwartungen seiner Zeit brachte. Die Beziehung zwischen Judas und Jesus war komplex; während Judas als Jünger und Vertrauter galt, deuteten die Evangelien auch auf innere Spannungen hin. Diese Konflikte haben nicht nur Judas's Entscheidungen beeinflusst, sondern auch die Wahrnehmung seiner Rolle in der frühen Kirche. Die Differenzen zwischen Judas und anderen Jüngern wie Petrus führen zu einem tieferen Verständnis der menschlichen Natur und der Herausforderungen des Glaubens. Judas's Handeln sollte daher als Spiegelbild der gesellschaftlichen

Spannungen und der Herausforderungen der frühen Christenheit verstanden werden.

Die Diskussion über Verrat und Loyalität war zentral für das ethische und spirituelle Leben der frühen Gläubigen und prägte deren Identität. Die Reflexion über Judas's Erbe in der frühen Kirche bleibt somit eine Quelle für theologisches und historisches Verständnis.

Alternativen zu Judas' Schicksal

Was wäre, wenn Judas nicht verraten hätte?

Was wäre, wenn Judas nicht verraten hätte? Diese Frage eröffnet uns eine Vielzahl von Perspektiven auf die biblische Erzählung und die Rolle von Judas Iskariot im frühen Christentum. Wenn Judas sich entschieden hätte, seinem Lehrer Jesus treu zu bleiben, hätte dies möglicherweise nicht nur den Verlauf der Passion Christi, sondern auch die Entwicklung der christlichen Gemeinschaft nachhaltig verändert. Anstatt als Symbol des Verrats in die Geschichte einzugehen, hätte Judas möglicherweise als einer der engsten Vertrauten Jesu in Erinnerung geblieben.

In diesem alternativen Szenario hätte die Beziehung zwischen Judas und den anderen Jüngern eine andere Dynamik angenommen. Judas, als Schüler und Vertrauter Jesu, hätte seine Rolle im inneren Kreis der Apostel festigen können. Dies hätte möglicherweise zu einer stärkeren Einheit innerhalb der Gruppe geführt, während die Spannungen, die durch die verschiedenen Charaktere wie Petrus und Johannes entstanden, gemildert worden wären. Die Geschichte der Apostel könnte von einer gemeinsamen Mission und dem Streben nach Frieden und Verständnis geprägt gewesen sein, anstatt von Konflikten und Schuldzuweisungen.

Die Auswirkungen von Judas' Entscheidung auf die ersten Christen wären erheblich gewesen. In der Zeit nach der Auferstehung Jesu hätte Judas als einer der Hauptzeugen seiner Lehren und Wunder auftreten können. Seine Stimme und seine Einsichten hätten die frühe christliche Theologie und das Verständnis von Jesus' Botschaft beeinflussen können. Eine solche Entwicklung könnte dazu geführt haben, dass die frühe Kirche eine inklusivere und harmonischere Gemeinschaft gewesen wäre, in der die Lehren Jesu nicht durch den Schatten des Verrats belastet waren.

Darüber hinaus hätte die Bedeutung des Verrats in der jüdischen Kultur zur Zeit Jesu eine andere Interpretation erfahren. Ohne Judaskuss und den darauffolgenden Verrat könnte das Konzept von Loyalität und Treue innerhalb der jüdischen Gemeinschaft neu definiert worden sein. Anstelle von Judas als Inbegriff des Verrats könnte eine Diskussion über die Herausforderungen und Konflikte in der Nachfolge Jesu im Vordergrund gestanden haben. Diese Veränderungen hätten möglicherweise auch zu einem positiveren

Verständnis von Verrat und Vergebung in der jüdischen Tradition geführt.

Schließlich wäre die Beziehung zwischen Judas und anderen biblischen Figuren, wie Maria Magdalena oder Petrus, durch seine Treue zu Jesus geprägt worden. Anstatt als derjenige, der Jesus verraten hat, betrachtet zu werden, hätte Judas als eine Figur gewirkt, die Brücken zwischen den verschiedenen Jüngern baute. Diese alternative Realität könnte die Erzählung um die frühen christlichen Gemeinschaften bereichert haben und einen tieferen Einblick in die zwischenmenschlichen Beziehungen und Konflikte innerhalb dieser Gruppe gegeben haben.

Hypothetische Szenarien und ihre Auswirkungen

Hypothetische Szenarien bieten eine faszinierende Möglichkeit, die komplexe Figur von Judas Iskariot und seine Kindheit sowie Erziehung im Kontext seiner Zeit zu beleuchten. Stellen wir uns vor, Judas wäre in einer anderen Umgebung aufgewachsen, beispielsweise in einer wohlhabenden Familie in Jerusalem anstatt in einem bescheidenen jüdischen Dorf. Diese veränderten Umstände könnten seine Werte, seine Beziehungen zu anderen und letztlich seine Entscheidungen beeinflusst haben. Hätte er in einem privilegierteren Umfeld die gleichen sozialen Spannungen und das Bedürfnis verspürt, sich von der Tradition abzusetzen? Möglicherweise wäre er weniger anfällig für die extremen Entscheidungen, die zu seinem Verrat führten.

Ein weiteres hypothetisches Szenario wäre, wenn Judas die Lehren von Jesus nicht nur als Schüler, sondern auch als enger Vertrauter und Freund empfunden hätte. In dieser Konstellation könnte die Dynamik zwischen Judas und den anderen Jüngern, insbesondere Petrus und Maria Magdalena, eine andere Richtung eingeschlagen haben. Wären die Konflikte und Spannungen, die zu seinem Verrat führten, abgemildert worden, wenn er sich emotional sicherer in seiner Rolle gefühlt hätte? Diese Überlegung eröffnet neue Perspektiven auf die zwischenmenschlichen Beziehungen innerhalb der Jüngerschaft und deren Einfluss auf die Entwicklung der frühen christlichen Gemeinschaft.

Zusätzlich könnte man die Auswirkungen von Judas' Entscheidungen auf die ersten Christen unter anderen Umständen betrachten. Was wäre geschehen, wenn er sich entschieden hätte, Jesus nicht zu verraten? Hätte dies die Entstehung des Christentums verändert? Möglicherweise hätte das frühe Christentum einen anderen Verlauf genommen, wenn Judas als treuer Jünger an der Seite Jesu geblieben wäre. In diesem Zusammenhang ist es interessant, die verschiedenen Möglichkeiten zu erkunden, wie sich die

Botschaft und die Lehren Jesu entwickelt hätten, ohne den Schatten des Verrats, der Judas umgibt.

Ein weiteres spannendes hypothetisches Szenario betrifft die Reaktionen der jüdischen Gemeinschaft auf Judas' Handlungen. Wie hätte die jüdische Kultur zur Zeit Jesu auf einen unblutigen Verlauf der Ereignisse reagiert? Hätte Judas, anstatt als Verräter zu gelten, als eine Art Held oder Märtyrer angesehen werden können? Diese Überlegungen werfen Licht auf die kulturellen und sozialen Normen der Zeit und wie sie die Wahrnehmung von Verrat und Loyalität formten.

Schließlich können wir uns fragen, wie die Beziehungen zwischen Judas und anderen biblischen Figuren, wie Maria Magdalena oder Petrus, in einem anderen Licht erscheinen könnten. Wäre eine tiefere Freundschaft zwischen Judas und Maria Magdalena entstanden, wenn er nicht mit dem Stigma des Verrats belastet gewesen wäre? Oder hätten sich Petrus und Judas in einer alternativen Realität als enge Verbündete erweisen können, die gemeinsam die Botschaft Jesu verbreiten? Diese hypothetischen Szenarien ermöglichen es uns, die Komplexität der Charaktere und ihre Interaktionen zu erforschen, während sie gleichzeitig die tief verwurzelten Themen von Verrat und Loyalität in der jüdischen Kultur zur Zeit Jesu herausstellen.

Die Rolle des Schicksals in der biblischen Erzählung

Die Rolle des Schicksals in der biblischen Erzählung ist ein zentrales Thema, das sich durch die gesamte Bibel zieht und besonders in der Geschichte von Judas Iskariot eine bedeutende Rolle spielt. Die Vorstellung, dass das Schicksal eine vorbestimmte Bahn für die Charaktere und deren Entscheidungen festlegt, wird in der Erzählung von Judas besonders deutlich. Seine Rolle als Verräter ist nicht nur eine individuelle Entscheidung, sondern wird auch als Teil eines größeren göttlichen Plans dargestellt. Diese Perspektive wirft Fragen auf über den freien Willen und die Vorherbestimmung, die in der jüdischen Tradition und der christlichen Theologie intensiv diskutiert werden.

In der Kindheit und Erziehung von Judas Iskariot in einem jüdischen Dorf könnte man annehmen, dass seine frühen Einflüsse und Erfahrungen ihn auf einen anderen Lebensweg hätten führen können. Die sozialen und religiösen Rahmenbedingungen seiner Jugend prägten jedoch seine Identität und seine Entscheidungen. Diese Prägung könnte als eine Art Schicksal betrachtet werden, das ihn auf die Begegnung mit Jesus vorbereitete, wo die Weichen für seine spätere Rolle als Verräter gestellt wurden. Das Zusammenspiel von Erziehung, Tradition und persönlichen Entscheidungen zeigt, wie komplex die Entwicklung von

Judas war und wie sehr sein Schicksal durch äußere Einflüsse gelenkt wurde.

Die Beziehung zwischen Judas und Jesus ist ein weiteres Beispiel für die Verflechtung von Schicksal und menschlichem Handeln. Judas als Schüler von Jesus erlebte Momente der Nähe und des Konflikts. Diese Beziehung war nicht nur von Vertrauen geprägt, sondern auch von Spannungen, die sich aus unterschiedlichen Auffassungen über den Messias und das Reich Gottes ergaben. In der biblischen Erzählung scheinen diese Spannungen Teil eines vorbestimmten Plans zu sein, der sich letztendlich in Judas' Entscheidung zum Verrat kulminiert. Dieser Prozess wirft die Frage auf, inwieweit Judas tatsächlich die Wahl hatte oder ob er einfach nur ein Werkzeug des Schicksals war.

Die Bedeutung von Verrat in der jüdischen Kultur zur Zeit Jesu ist ebenfalls ein wichtiger Aspekt, der in der biblischen Erzählung reflektiert wird. Verrat wurde nicht nur als persönliches Versagen angesehen, sondern auch als eine tiefgreifende moralische und soziale Verletzung. Judas' Handlung, die als der ultimative Verrat an Jesus gedeutet wird, hat weitreichende Konsequenzen, nicht nur für ihn selbst, sondern auch für die ersten Christen, die die Nachwirkungen dieser Entscheidung zu tragen hatten. Die gesellschaftlichen Normen und die religiösen Erwartungen jener Zeit verstärken das Gewicht von Judas' Schicksal und dessen Auswirkungen auf die Gemeinschaft.

Alternativen zu Judas' Schicksal sind ein faszinierendes Gedankenspiel, das sowohl theologische als auch historische Überlegungen anregt. Was wäre geschehen, wenn Judas andere Entscheidungen getroffen hätte? Hätte es den Verlauf der christlichen Geschichte beeinflusst? Diese Überlegungen laden dazu ein, die Dynamik zwischen freien Willen und Schicksal zu hinterfragen und die Beziehungen zwischen Judas und anderen biblischen Figuren, wie Maria Magdalena oder Petrus, zu betrachten. Diese Figuren stehen in einem Spannungsfeld, das zeigt, wie eng Schicksal und persönliche Entscheidungen miteinander verwoben sind und wie unterschiedliche Wege unterschiedliche Ausgänge hätten haben können.

Beziehungen zwischen Judas und anderen biblischen Figuren

Judas und Maria Magdalena

Judas Iskariot, eine der umstrittensten Figuren des Neuen Testaments, wird oft ausschließlich durch die Linse seines Verrats an Jesus Christus betrachtet. Doch seine Beziehungen zu anderen biblischen Figuren, insbesondere zu Maria Magdalena, verdienen eine eingehendere Untersuchung. Maria Magdalena, eine zentrale Figur im Neuen Testament, wird oft als die erste Zeugin der Auferstehung Christi angesehen. Ihre Rolle im Leben Jesu und die Dynamik zwischen ihr und Judas bieten interessante Einblicke in die sozialen und religiösen Spannungen der damaligen Zeit.

Die Verbindung zwischen Judas und Maria Magdalena könnte in der Zeit ihrer Kindheit und Erziehung tief verwurzelt sein. In einem jüdischen Dorf aufwachsen bedeutete nun mal, in eine Gemeinschaft integriert zu sein, in der die Lehren und Traditionen des Glaubens stark verankert waren. Es ist vorstellbar, dass Judas und Maria, beide in einem ähnlichen sozialen Kontext aufgewachsen, eine gemeinsame Basis besaßen, die durch ihre religiöse Erziehung geprägt war. Diese frühe Prägung könnte ihren Umgang mit den Lehren Jesu beeinflusst haben und die unterschiedlichen Wege, die sie letztlich einschlugen.

Als Schüler Jesu standen Judas und Maria Magdalena in direktem Kontakt mit den radikalen Ideen und Lehren, die Jesus propagierte. Während Maria oft als eine der treuen Anhängerinnen dargestellt wird, die Jesus in seinen schwersten Stunden unterstützte, wird Judas häufig als derjenige gesehen, der zu einem tiefen Konflikt mit diesen Lehren führte. Diese Spannungen zwischen den unterschiedlichen Ansätzen von Judas und Maria könnten die Widersprüche in der frühen christlichen Gemeinschaft widerspiegeln und verdeutlichen, wie verschiedene Interpretationen des Glaubens zu Konflikten führen konnten.

Der Verrat von Judas hat weitreichende Auswirkungen auf die ersten Christen gehabt. Die Entscheidung, Jesus zu verraten, war nicht nur eine persönliche Wahl, sondern auch eine Entscheidung, die die gesamte Bewegung beeinflusste. Maria Magdalena, die sich oft als Hüterin der Lehren Jesu und als Trösterin der Trauernden zeigt, könnte als eine Art Gegenpol zu Judas interpretiert werden. Ihre Loyalität und Hingabe stehen im Gegensatz zu Judas's Handlungen und verdeutlichen die moralischen und ethischen Dilemmata, mit denen die frühen Christen konfrontiert waren.

In der Betrachtung alternativer Schicksale für Judas stellt sich die Frage, wie sich die Geschichte hätte entwickeln können, wenn er andere Entscheidungen getroffen hätte. Hätte ein engerer Austausch zwischen ihm und Maria Magdalena, die oft als Symbol für Hoffnung und Vergebung betrachtet wird, vielleicht zu einem anderen Ausgang geführt? Diese hypothetischen Überlegungen bieten nicht nur Raum für Spekulationen über die Beziehungen zwischen Judas, Maria und anderen biblischen Figuren wie Petrus, sondern auch für ein tieferes Verständnis der Komplexität menschlicher Entscheidungen und ihrer Auswirkungen auf die Geschichte des Christentums.

Judas und Petrus: Rivalität und Freundschaft

Judas Iskariot und Petrus, zwei der bekanntesten Jünger Jesu, standen nicht nur in einer engen Beziehung zu ihrem Meister, sondern auch zueinander. Ihre Interaktionen sind geprägt von einer komplexen Mischung aus Rivalität und Freundschaft, die tief in der jüdischen Kultur und den sozialen Strukturen des ersten Jahrhunderts verwurzelt ist.

Während Petrus oft als der Führer der Jünger angesehen wird, scheint Judas eine andere Rolle angenommen zu haben, die sowohl als Schüler als auch als Verräter interpretiert werden kann. Diese Dynamik wirft ein Licht auf die Herausforderungen und Konflikte, die innerhalb der Jüngergemeinschaft existierten.

In der Kindheit und Erziehung von Judas Iskariot in einem jüdischen Dorf könnten wir uns vorstellen, dass er in einem Umfeld aufwuchs, das stark von den Traditionen und den Erwartungen seiner Gemeinschaft geprägt war. Diese Einflüsse könnten sowohl seine Loyalität zu Jesus als auch seine letztendliche Entscheidung zum Verrat beeinflusst haben. Im Gegensatz dazu war Petrus, der aus einem anderen sozialen Hintergrund stammte, vermutlich in einer Umgebung aufgewachsen, die ihn zur Führung und zur Übernahme von Verantwortung ermutigte. Diese Unterschiede in der Erziehung könnten die Rivalität zwischen den beiden Jüngern verstärkt haben, während sie gleichzeitig Freundschaft und Verbundenheit suchten.

Die Beziehung zwischen Judas und Petrus wurde auch durch ihre jeweiligen Beziehungen zu Jesus beeinflusst. Während Petrus oft als der Fels beschrieben wird, auf dem die Kirche gegründet wird, zeigt Judas eine andere, dunklere Seite der Jüngerschaft. Diese Kontraste führten zu Spannungen, da beide unterschiedliche Perspektiven und Prioritäten hatten. Judas' Rolle als Schatzmeister und sein späterer Verrat könnten aus einem Gefühl der Enttäuschung oder des Missmuts gegenüber Petrus und den anderen Jüngern resultiert haben. Diese Rivalität könnte in den Augen der Jünger als Bedrohung wahrgenommen worden sein, was zu einem tiefen Graben zwischen den beiden führte.

In der jüdischen Kultur zur Zeit Jesu hatte der Verrat eine vielschichtige Bedeutung. Judas' Entscheidung, Jesus zu verraten, war nicht nur eine persönliche, sondern auch ein kulturelles Dilemma, das Fragen zu Loyalität und Identität aufwarf. Petrus hingegen, der an der Spitze der Jüngerschaft stand, musste sich mit der Herausforderung auseinandersetzen, Judas zu verstehen und seine eigene Rolle zu definieren. Diese Dynamik veranschaulicht die Spannungen innerhalb der frühen Christenheit und die unterschiedlichen Wege, die die Jünger im Angesicht von Konflikten und Herausforderungen einschlugen.

Die Alternativen zu Judas's Schicksal werfen interessante Fragen auf, die die Beziehung zwischen ihm und Petrus weiter beleuchten. Was wäre mit der Beziehung zu Petrus geschehen, wenn Judas keinen Verrat begangen hätte? Hätte Petrus vielleicht eine andere, geringere, Rolle in der frühen Kirche eingenommen, oder wäre die Rivalität zwischen ihnen geringer ausgefallen? Diese hypothetischen Überlegungen laden dazu ein, über die komplexen menschlichen Beziehungen nachzudenken, die die ersten Christen prägten, und darüber, wie Freundschaft und Rivalität in einem solchen historischen Kontext ineinandergreifen können. Die Interaktionen zwischen Judas und Petrus bleiben ein faszinierendes Thema, das sowohl die Herausforderungen des Glaubens als auch die menschliche Natur widerspiegelt.

Die Wahrnehmung von Judas durch die anderen Jünger

Die Wahrnehmung von Judas durch die anderen Jünger war geprägt von einer komplexen Mischung aus Bewunderung, Misstrauen und letztlich Verrat. Obwohl Judas Iskariot, als einer der zwölf Jünger Jesu eine zentrale Rolle in der Gruppe spielte, war seine Beziehung zu den anderen oft von Spannungen begleitet. Als Schüler Jesu suchte er einerseits nach spiritueller Erfüllung und der Verwirklichung der heiligen Schriften, andererseits hatte er immer wieder mit äußeren und inneren Konflikten zu kämpfen. Diese Spannungen führten dazu, dass seine Motive und Handlungen von den anderen Jüngern unterschiedlich interpretiert wurden.

Die ersten Jünger erlebten Judas sowohl als treuen Gefährten als auch als potenziell gefährlichen Rivalen. Während einige Jünger in Judas einen fähigen Verwalter sahen, der die finanziellen Belange der Gruppe im Griff hatte, waren andere skeptisch gegenüber seiner Loyalität. Petrus, als einer der führenden Jünger, hatte möglicherweise oft das Gefühl, dass Judas' Ambitionen und Ideen im Widerspruch zu den Lehren Jesu standen. Diese Dynamik könnte die Grundlage für die tiefen Konflikte gewesen sein, die schließlich zu Judas's Verrat führten.

In der jüdischen Kultur zur Zeit Jesu hatte der Verrat eine besondere Bedeutung. Judas's Entscheidung, Jesus zu verraten, könnte nicht nur als persönliche Fehlschlag gedeutet werden, sondern auch als eine tiefgreifende kulturelle Störung. Die anderen Jünger, die in einer Zeit lebten, in der Loyalität und Gemeinschaft hochgehalten wurden, mussten sich mit dem Verrat auseinandersetzen und die damit verbundenen Konsequenzen für ihre eigene Identität und ihren Glauben reflektieren. Judas wurde in den Augen vieler Jünger zum Symbol des Verrats, was seine spätere Darstellung in der christlichen Tradition stark prägte.

Die Beziehungen zwischen Judas und den anderen biblischen Figuren, wie Maria Magdalena und Petrus, waren ebenfalls von Bedeutung. Maria Magdalena, als eine der wenigen Frauen in Jesu Gefolgschaft, könnte eine einzigartige Perspektive auf Judas gehabt haben. Ihre Rolle als Unterstützerin Jesu und als Zeugin seiner Lehren könnte dazu geführt haben, dass sie Judas mit einer Mischung aus Mitgefühl und Skepsis betrachtete. Die Interaktionen zwischen diesen Figuren könnten die emotionale Komplexität der Jüngerschaft und die Herausforderungen, die sie miteinander teilten, verdeutlichen.

Schließlich bleibt die Frage, was hätte geschehen können, wenn Judas andere Entscheidungen getroffen hätte. Hätte er sich gegen den Verrat entschieden und sich stattdessen für eine tiefere Loyalität zu Jesus und den anderen Jüngern entschieden, könnte dies nicht nur sein eigenes Schicksal, sondern auch das der frühen Christen verändert haben. Die Spekulationen über alternative Wege und mögliche Szenarien laden dazu ein, über die menschliche Natur, die Herausforderungen des Glaubens und die Auswirkungen von Entscheidungen nachzudenken, die nicht nur das Leben Einzelner, sondern auch die Geschichte des Christentums beeinflussten.

Judas und die Schatten der Geschichte: Ein historischer Diskurs und die Einführung in den Judas-Effekt

Der historische Kontext des Judas-Verrats ist entscheidend für das Verständnis der komplexen Dynamiken, die zu diesem einschneidenden Ereignis führten. Judas Iskariot, einer der zwölf Apostel, wird oft als Symbol des Verrats betrachtet. Die Zeit, in der er lebte, war geprägt von politischen und religiösen Spannungen im römisch besetzten Palästina. Diese Umstände schufen ein Umfeld, in dem persönliche Loyalitäten und politische Überzeugungen oft auf die Probe gestellt wurden. Judas' Entscheidung, Jesus zu verraten, muss vor dem Hintergrund dieser angespannten Atmosphäre betrachtet werden, in der die Hoffnung auf eine messianische Befreiung mit der Realität römischer Unterdrückung kollidierte.

Die Beziehung zwischen Jesus und seinen Jüngern war komplex und vielschichtig. Jesus predigte eine radikale Botschaft der Liebe, Vergebung und sozialen Gerechtigkeit, die nicht nur die religiösen Führer der Zeit, sondern auch die politischen Autoritäten herausforderte. Judas, der als Schatzmeister der Jünger fungierte, hatte möglicherweise auch finanzielle Motivationen, die zu seinem Verrat führten. Die Evangelien berichten, dass Judas für dreißig Silberlinge Jesus an die römischen Behörden verriet. Diese monetäre

Komponente wirft Fragen zu den ethischen und moralischen Überzeugungen auf, die in der damaligen Gesellschaft vorherrschten, und legt nahe, dass materielle Anreize eine Rolle in seiner Entscheidung spielten.

Darüber hinaus ist es wichtig, die Rolle der religiösen Eliten zu betrachten. Die Pharisäer und Sadduzäer sahen in Jesus eine Bedrohung ihrer Autorität und Macht. Diese Gruppen waren bestrebt, ihre Position in einer von Rom kontrollierten Gesellschaft zu sichern und waren bereit, extreme Maßnahmen zu ergreifen, um einen Aufstand zu verhindern. Judas' Verrat könnte als Teil einer größeren Verschwörung betrachtet werden, die darauf abzielte, die Ansprüche Jesu zu delegitimieren und die bestehende Ordnung zu bewahren. Diese politischen Intrigen verdeutlichen, wie tief verwurzelt die Konflikte der Zeit waren und wie sie individuelle Entscheidungen beeinflussten.

Die Auswirkungen des Judas-Verrats sind nicht nur historisch von Bedeutung, sondern haben auch tiefgreifende Auswirkungen auf die heutige Gesellschaft. Der Verrat wird oft als eine Warnung vor den Gefahren von Loyalitätskonflikten und der menschlichen Natur interpretiert. In vielen Kulturen wird der Name Judas synonym mit Verrat verwendet, was zeigt, dass die moralischen Lehren, die aus seiner Geschichte gezogen werden, zeitlos sind. Diese Erzählung hat das kollektive Bewusstsein geprägt und bietet einen Rahmen, um die

Komplexität von Vertrauen und Loyalität in sozialen und politischen Beziehungen zu verstehen.

Zusammenfassend lässt sich sagen, dass der historische Kontext des Judas-Verrats ein vielschichtiges Netz aus politischen, religiösen und persönlichen Faktoren umfasst. Das Verständnis dieser Dynamiken ist entscheidend, um die Motive hinter Judas' Handlungen zu entschlüsseln und die Relevanz dieser Geschichte für die moderne Gesellschaft zu erkennen. Der Judas-Effekt bleibt ein kraftvolles Symbol für den Verrat und seine weitreichenden Konsequenzen, die bis in die Gegenwart nachhallen.

Die Figur Judas Iskariot in der biblischen Erzählung

Die Figur Judas Iskariot nimmt in der biblischen Erzählung eine zentrale Rolle ein und wird häufig als Inbegriff des Verrats betrachtet. In den Evangelien wird Judas als einer der zwölf Jünger Jesu dargestellt, der im Laufe der Erzählung zum Verräter wird. Sein Name ist untrennbar mit dem Akt des Verrats verbunden, als er Jesus an die römischen Behörden ausliefert. Diese Entscheidung hat nicht nur die unmittelbaren Ereignisse des Neuen Testaments geprägt, sondern auch tiefgreifende Auswirkungen auf die christliche

Theologie und die Wahrnehmung von Verrat in der westlichen Kultur.

Die Darstellung von Judas variiert in den verschiedenen Evangelien. Während Matthäus und Markus ihn als denjenigen beschreiben, der Jesus gegen dreißig Silberlinge verrät, wird in Johannes' Evangelium eine düstere Dimension seiner Persönlichkeit eingeführt. Hier wird Judas als derjenige beschrieben, der den Diebstahl unter den Jüngern praktiziert und als „der Teufel" bezeichnet wird. Diese unterschiedlichen Darstellungen deuten darauf hin, dass Judas nicht nur als Verräter, sondern auch als komplexe Figur betrachtet werden muss, deren Motivationen und innere Konflikte hinterfragt werden können.

Die Entscheidung von Judas, Jesus zu verraten, kann als eine Vielzahl von Motiven interpretiert werden, die von Gier über Enttäuschung bis hin zu einem tiefen Glaubenskonflikt reichen. In der wissenschaftlichen Analyse steht oft die Frage im Raum, ob Judas's Verrat als notwendiger Bestandteil des göttlichen Plans zu verstehen ist. Diese Überlegung wirft ethische und moralische Fragen auf, die auch in der heutigen Gesellschaft von Bedeutung sind. Was bedeutet es, jemandem zu vertrauen, und welche Konsequenzen hat der Verlust dieses Vertrauens für die Gemeinschaft?

Die Figur des Judas hat im Laufe der Jahrhunderte auch als Projektionsfläche für gesellschaftliche Ängste und Vorurteile gedient. In verschiedenen historischen Kontexten wurde Judas häufig als Symbol für andere Verräter oder als Sündenbock für gesellschaftliche Missstände verwendet. Diese Tendenz zur Stigmatisierung hat nicht nur die Wahrnehmung von Judas geschärft, sondern auch die Art und Weise beeinflusst, wie Verrat in der Literatur, Kunst und populären Kultur dargestellt wird. So bleibt die Frage, inwiefern die negative Konnotation von Judas die gesellschaftliche Sicht auf Verrat im Allgemeinen prägt.

In der heutigen Zeit wird die Figur Judas häufig als Metapher für Verrat in politischen und sozialen Kontexten verwendet. Der „Judas-Effekt", auf den in der Analyse eingegangen wird, beschreibt die tiefgreifenden Auswirkungen, die Verrat auf zwischenmenschliche Beziehungen und gesellschaftliche Strukturen hat. Die Reflexion über Judas Iskariot bietet somit nicht nur einen Einblick in die biblische Erzählung, sondern regt auch zur Diskussion über die ethischen Dimensionen von Loyalität und Verrat in der modernen Welt an.

Judas, der erste Antiheld, ein Blick mit ein wenig Augenzwinkern

Der Mann hinter dem Mythos

Der Mann hinter dem Mythos ist ein faszinierendes Kapitel in der Geschichte, das oft mit einem Augenzwinkern betrachtet werden kann. Wenn man an Judas Iskariot denkt, könnte man meinen, man spricht über den ersten „Verräter", der je einen schlechten Ruf hatte – und das, obwohl er wahrscheinlich nur versuchte, seinen Lebensunterhalt zu verdienen. Vielleicht hatte er einfach kein Talent für das Fangen von Fischen oder das Schreiben von Psalmen, und das Einzige, was übrig blieb, war eine Karriere in der Politik des alten Jerusalem. Man stelle sich vor, wie er sich in einem Café über seine „Karriere" unterhält: „Ich habe für die beste Mannschaft gespielt, aber am Ende war ich derjenige, der die rote Karte bekam!"

Judas, der Mann, der für seinen Verrat berühmt wurde, ist in der Tat ein tragischer Held in seiner eigenen Geschichte. Man könnte sagen, er war der erste Influencer, der das „schlechte Image" als Marketingstrategie nutzte. Anstatt für seine gute Taten bekannt zu werden (wie etwa das Verteilen von Broten und Fischen), wurde er zum Symbol für Verrat. Man kann sich vorstellen, wie er durch die Straßen von Jerusalem läuft und überall die schockierten Gesichter sieht: „Oh, da ist

Judas! Der mit dem Kuss!" Vielleicht hätte er besser seine Karriere als Künstler eingeschlagen und seine Talente in der Malerei oder Bildhauerei genutzt. Schließlich war es nicht gerade die beste PR-Strategie, den eigenen Lehrer und Freund mit einem Kuss zu verraten.

Die ethischen Fragen rund um Judas's Verrat sind ebenso schillernd wie die Diskussionen, die um seine Motivationen kreisen. War er ein selbstloser Mann, der das größere Wohl im Sinn hatte, oder einfach ein Geldgieriger, der seinen eigenen Vorteil suchte? Man könnte fast meinen, er hätte ein schlechtes Gewissen gehabt, als er die 30 Silberlinge entgegennahm. Vielleicht dachte er: „Was kann ich mit dem Geld machen? Ein neues Gewand? Oder einen schicken Wagen? Oh, Moment! Ich könnte auch einfach mein Gewissen verkaufen." Die Komplexität seiner Entscheidungen lässt Raum für allerlei psychologische Analysen, die an die Wurzeln menschlichen Verhaltens rühren.

Im Mittelalter wurde Judas dann zur Lieblingsfigur für die Erzähler von Geschichten, die gerne das Böse in eine menschliche Gestalt packten. Der gebrochene Mann wurde zum Inbegriff des Verrats und der Sünde, während die Menschen sich in ihren Kirchen über seine Taten ausließen. Man könnte sich vorstellen, dass die Menschen in den Dörfern beim Abendessen über ihn tuschelten: „Hast du gehört, was Judas gemacht hat? Ich meine, er hat wirklich alles falsch gemacht!" Und während sie ihre Loblieder auf die Heiligen sangen, stellte sich niemand die Frage, ob Judas vielleicht das Opfer seiner Zeit war – oder ob er einfach nur einen sehr schlechten Tag hatte.

Letztlich bleibt die Legende von Judas im kollektiven Gedächtnis verankert, als eine Figur, die sowohl Verrat als auch Loyalität symbolisiert. Vielleicht ist er nicht nur der Bösewicht, als der er oft dargestellt wird, sondern auch ein Spiegelbild unserer eigenen inneren Konflikte. Wenn wir über Verrat nachdenken, könnten wir alle ein wenig Judas in uns tragen – wenn es um die letzten Kekse in der Keksdose geht oder um das Versprechen, nicht zu plaudern. In diesem Sinne könnte man sagen, dass Judas Iskariot der erste Mensch war, der uns lehrte, dass Loyalität und Verrat oft nur zwei Seiten derselben Medaille sind – und dass das Leben manchmal mehr Fragen aufwirft, als es Antworten gibt.

Psychologie eines Verräters: Warum Judas?

Wenn man an Judas Iskariot denkt, stellt sich unweigerlich die Frage: Was hat diesen Kerl bloß geritten? War er einfach nur der unglückliche Typ, der in der falschen Geschichte zur falschen Zeit lebte, oder war er ein Meister der psychologischen Manipulation, der sein eigenes Schicksal mit einem Kuss besiegelte? Vielleicht war er einfach nur ein

Pechvogel, der das einzige Angebot angenommen hat, das ihm jemals unter die Nase kam – und das war nicht einmal ein besonders gutes. Ein paar Silberlinge und das ewige Gedöns über den Verrat, das klingt nach einem Deal, der selbst in der besten Verkaufsshow nicht durchgegangen wäre.

Judas, der Kassenwart, der nie den richtigen Kurs hielt, war nicht gerade der beliebteste Apostel. Man könnte sagen, er war derjenige, der in der Gruppe nie den ersten Schritt machte, um das letzte Stück Pizza zu nehmen. Aber was, wenn dieser stille, schüchterne Typ in Wirklichkeit ein Meisterstratege war? Vielleicht hat er einfach die Gelegenheiten erkannt, während alle anderen damit beschäftigt waren, mit Jesus über die nächste große Sache zu diskutieren. „Hey, die Römer zahlen gut für Informationen! Warum nicht?", könnte er gedacht haben, während er über sein Diätprogramm nachgrübelte, das wahrscheinlich auch nicht viel besser war als sein finanzieller Plan.

Der Verrat selbst: Ein Kuss? Wirklich? Das klingt eher nach einem misslungenen Versuch, romantisch zu sein, als nach einem großen Akt des Verrats. In der Welt der Verräter hätte er wahrscheinlich den Preis für den ungeschicktesten Verrat gewonnen. Es ist fast so, als hätte er die direkten Anweisungen von einem Handbuch für Anfänger im Verrat erhalten. „Der Kuss ist der Schlüssel", lautet das Kapitel, und Judas hat es anscheinend mit einer Unschuld gemacht, die selbst einem Betrüger die Schamesröte ins Gesicht treiben würde.

Aber die Frage bleibt: Was trieb Judas wirklich an? War es Geld, Angst oder vielleicht einfach der Wunsch, in die Geschichte einzugehen? Man stelle sich vor, er hätte einfach nur das Bedürfnis gehabt, seinen Namen im Geschichtsbuch unter die Lupe zu nehmen. „Judas, der Verräter" klingt schließlich viel aufregender als „Judas, der mittelmäßige Apostel". Vielleicht wollte er einfach nicht in Vergessenheit geraten und dachte, dass er mit dem größten Verrat aller Zeiten für immer in Erinnerung bleiben würde. Nun, er hat es geschafft – aber nicht unbedingt auf die Weise, die er sich erhofft hatte.

Letztendlich bleibt Judas ein faszinierendes Rätsel, das sowohl Psychologen als auch Historikern die Schweißperlen auf die Stirn treibt. Vielleicht ist er das beste Beispiel dafür, dass die menschliche Psyche manchmal mehr Fragen aufwirft, als sie Antworten liefert. Bei all dem Geschichtenerzählen und den Interpretationen über seinen Verrat können wir uns nur fragen: War er der düstere Bösewicht oder einfach nur der unglückliche Held in einem Drama, das schon lange vor seiner Zeit geschrieben wurde? Wer weiß, vielleicht sind wir alle ein bisschen Judas – nur mit weniger Silber und mehr Pizza.

Der verrückte Plan: Was dachte er sich dabei?

Wenn wir uns die Figur des Judas Iskariot anschauen, könnte man meinen, er hätte einen Masterplan ausgeheckt, der selbst die besten Strategen der Geschichte erblassen lässt. Man fragt sich unweigerlich: Was hat ihn dazu getrieben, seinen Meister für ein paar Münzen zu verraten? Vielleicht dachte er, er könnte mit dem Geld eine kleine Strandhütte kaufen und ein ruhiges Leben führen – weit weg von der ganzen messianischen Aufregung. Man stelle sich vor, Judas in einer Sonnenliege mit einer Kokosnuss in der Hand, während die anderen Apostel sich in Jerusalem herumdrücken. Ein verrückter Plan, aber vielleicht war das genau das, was er sich erhofft hatte.

Natürlich dürfen wir nicht vergessen, dass Judas Iskariot auch ein Mensch war, und Menschen neigen dazu, Fehler zu machen. Vielleicht war sein Plan so verrückt, dass er einfach nicht mehr klar denken konnte. Wie oft haben wir schon aus einer Laune heraus entschieden, etwas zu tun, nur um später zu merken, dass wir uns damit ins eigene Fleisch geschnitten haben? Judas könnte also einfach in einem Anflug von „FOMO" (Fear of Missing Out - *Die Angst, etwas zu verpassen*) gehandelt haben. Man stelle sich vor, er stand am Rand der letzten Abendmahl-Tischrunde und dachte sich: „Was, wenn ich nicht dabei bin, wenn die großen Dinge passieren?"

Ein weiterer Aspekt, den wir nicht außer Acht lassen sollten, ist die Möglichkeit, dass Judas einfach nicht die besten Berater hatte. Wer weiß, vielleicht saß er mit seinen Freunden in einer dunklen Gasse und einer davon meinte: „Hey, hast du schon mal darüber nachgedacht, Jesus zu verraten? Das könnte richtig cool werden!" Und Judas, der auf der Suche nach Abenteuern war, dachte sich: „Warum nicht? Das könnte mein großes Comeback sein!" Es ist schon erstaunlich, wie ein paar schlechte Ratschläge das Schicksal einer ganzen Geschichte beeinflussen können.

Doch was, wenn Judas tatsächlich einen Plan hatte, der weit über das normale Maß hinausging? Vielleicht wollte er die Geschichte neu schreiben und den Menschen zeigen, dass auch Verrat eine ethische Dimension haben kann. Eine Art von „Verrat mit Stil", könnte man sagen. Wer könnte sich schon vorstellen, dass Judas als der erste „Gegenspieler" im Glauben fungieren wollte? Ein bisschen Drama, ein bisschen Aufregung – vielleicht wollte er einfach nur die Menschen aufwecken und ihnen eine Lektion erteilen.

Natürlich ist das alles sehr weit hergeholt, aber das macht die ganze Geschichte ja so amüsant.

Letzten Endes bleibt uns die Frage: Was dachte sich Judas wirklich? Vielleicht war es ein Mix aus schlechten Entscheidungen, einer Prise Abenteuerlust und dem unaufhörlichen Drang, die Welt auf seine eigene verrückte

Art und Weise zu beeinflussen. Während wir über die Beweggründe des Verrats spekulieren, können wir uns nur an den Kopf fassen und darüber lachen, wie absurd die menschliche Natur manchmal sein kann. Vielleicht ist das der wahre Grund, warum Judas bis heute als Symbol für Verrat und Loyalität steht – weil er uns zeigt, dass wir alle ein bisschen verrückt sind, wenn es um unsere Entscheidungen geht.

Ziel und Zweck der Analyse

Die Analyse des Verrats von Judas Iskariot ist nicht nur ein historisches Unterfangen, sondern auch eine tiefgehende Untersuchung der psychologischen, sozialen und kulturellen Auswirkungen, die dieser Verrat bis in die heutige Zeit hat. Ziel dieser Analyse ist es, ein umfassendes Verständnis für die Motive und Konsequenzen des Verrats zu entwickeln. Dabei wird der Fokus auf die verschiedenen Dimensionen gelegt, die den Verrat umgeben, einschließlich der moralischen Fragestellungen, die sich aus Judas' Handlungen ergeben. Die Analyse möchte klären, wie Judas in der christlichen Tradition wahrgenommen wird und welche Rolle sein Verrat in der kollektiven Erinnerung und den Glaubensüberzeugungen spielt.

Ein weiterer Zweck dieser Analyse ist es, die Relevanz des Judas-Effekts in der modernen Gesellschaft zu beleuchten. Verrat ist ein universelles Thema, das in zahlreichen Kontexten vorkommt, sei es in persönlichen Beziehungen, politischen Intrigen oder wirtschaftlichen Machenschaften. Diese Untersuchung wird die Parallelen zwischen dem historischen Verrat und zeitgenössischen Beispielen von Betrug und Loyalitätsbruch aufzeigen. Durch die Erforschung dieser Verbindungen kann ein besseres Verständnis dafür entwickelt werden, wie solche Handlungen die gesellschaftlichen Strukturen und das individuelle Verhalten beeinflussen.

Ein zentrales Element der Analyse ist die Betrachtung der psychologischen Aspekte des Verrats. Was führt Menschen dazu, andere zu verraten? Welche inneren Konflikte und äußeren Einflüsse können diese Entscheidungen beeinflussen? Indem wir uns mit den psychologischen Motiven von Judas Iskariot auseinandersetzen, können wir tiefere Einblicke in die menschliche Natur gewinnen. Diese psychologischen Erkenntnisse sind nicht nur für die historische Analyse von Bedeutung, sondern bieten auch wertvolle Perspektiven für das Verständnis von Verrat in der heutigen Welt.

Darüber hinaus wird die Analyse auch die kulturellen und theologischen Implikationen des Judas-Verrats untersuchen. Judas wird oft als Inbegriff des Verrats betrachtet, und sein

Name hat sich in verschiedenen Sprachen und Kulturen als Synonym für Untreue etabliert. Die Art und Weise, wie Judas in der Kunst, Literatur und populären Medien dargestellt wird, spiegelt gesellschaftliche Einstellungen zu Verrat und Loyalität wider. Diese kulturellen Darstellungen können dazu beitragen, die anhaltende Faszination und den Schrecken des Verrats zu verstehen und dessen Einfluss auf die kollektive Psyche zu analysieren.

Anknüpfend zielt diese Analyse darauf ab, die Lehren, die aus dem Verrat von Judas gezogen werden können, in einen modernen Kontext zu setzen. Indem wir die historischen und psychologischen Dimensionen des Verrats betrachten, können wir darüber nachdenken, wie solche Themen in unsere ethischen und moralischen Überlegungen einfließen können. Die Auseinandersetzung mit dem Judas-Effekt hat das Potenzial, uns nicht nur historische Einsichten zu vermitteln, sondern auch Fragen zu Loyalität, Verrat und Vergebung aufzuwerfen, die in der heutigen Gesellschaft von großer Bedeutung sind.

Historische Interpretationen von Judas' Verrat

Der Verrat im Kontext: Ein Blick auf die Zeit

Wenn wir über den Verrat von Judas Iskariot sprechen, stellen wir uns oft die Frage: Was hat ihn bloß geritten? Vielleicht war es der Druck der Gruppe, vielleicht ein bisschen Neid auf den Superstar Jesus oder einfach nur ein unglücklicher Zufall, der ihn zu diesem schicksalhaften Kuss brachte. Man könnte sagen, Judas war der erste „Betrüger" in einer langen Reihe von Menschen, die sich in ihrer Karriere für die falsche Seite entschieden haben – und das alles, während er ein bisschen Geld für seine Mühe kassierte.

Und, zu seiner Verteidigung: Wer hätte nicht für ein paar Münzen einen alten Freund verraten, wenn man damit seine Miete bezahlen könnte?

In der damaligen Zeit war Verrat nicht nur ein schmutziges Wort, sondern eine Kunstform. Die Welt war ein riesiges Theater, und jeder spielte seine Rolle – oft mit einem Hauch von Hinterlist. Die Römer hatten ihre eigenen, sehr speziellen Vorstellungen von Loyalität und Verrat, die eher wie eine Reality-Show ohne die Kameras waren. Judas könnte sich wahrscheinlich nicht einmal entscheiden, ob er mehr wie ein tragischer Held oder ein hinterhältiger Schurke war.

Vielleicht war er einfach der erste, der die „Betrug und Betrüger"-Karte offen ausspielte und damit den Grundstein für unzählige spätere Geschichten legte.

Apropos Geschichten: Die Legende von Judas hat sich im Laufe der Jahrhunderte gewandelt. Im Mittelalter wurde er zum Inbegriff des Verrats und zum Prototyp des untreuen Freundes, der die ganze Nachbarschaft in den Schlamassel zieht. Es ist fast komisch zu sehen, wie die Menschen damals mit Judas umgingen – als wäre er ein verfluchter Nachbar, der immer die Rasenfläche eines anderen betritt. Man kann sich vorstellen, wie die Leute zur Kirche gingen und über Judas tuschelten, während sie ihre sonntäglichen Pflichten erfüllten. „Hast du gehört, was Judas gemacht hat? Der Kerl ist ja völlig durchgeknallt!"

Doch was lernen wir aus dieser Geschichte? Vielleicht, dass Verrat nicht nur ein persönliches Versagen ist, sondern auch ein Spiegel der Gesellschaft. Wenn man bedenkt, wie viele andere Figuren in der Geschichte ebenfalls verraten wurden oder selbst verrieten, könnte man fast meinen, dass Verrat die menschliche Natur widerspiegelt – eine Art dunkles Hobby, das wir alle in uns tragen. Vielleicht, aber besser wahrscheinlich, haben wir alle ein kleines bisschen Judas in uns. Besonders wenn das Abendessen nicht pünktlich auf dem Tisch steht. Wer würde da nicht in Versuchung geraten, den Koch für ein Stück Pizza zu verraten?

Letztendlich bleibt Judas Iskariot eine faszinierende Figur, nicht nur wegen seines Verrats, sondern auch wegen der Fragen, die er aufwirft. Ist er wirklich der Bösewicht, den die Geschichte uns verkauft hat? Oder war er einfach ein Produkt seiner Zeit, gefangen in einem Netz aus Erwartungen und Druck? Vielleicht sollten wir ihm auch ein wenig von der Sympathie entgegenbringen, die wir anderen gescheiterten Helden zukommen lassen. Schließlich ist es einfacher, über den verratenen Freund zu lachen, als darüber nachzudenken, wie oft wir selbst in die Versuchung kommen, einen anderen für unser eigenes Wohl zu opfern.

Judas: Der Bösewicht oder der Sündenbock?

Judas Iskariot – der Mann, der die Geschichte mit einem Kuss und einem ganz besonderen Rabatt auf die Loyalität für immer geprägt hat.

Es ist fast so, als könnte man sich vorstellen, dass er beim letzten Abendmahl mit einem T-Shirt auftrat, auf dem stand: „Ich bin der Bösewicht, und ich habe auch ein Schnäppchen im Angebot!" Während die anderen Jünger ihre Brötchen aßen und Wein schlürfen, hat Judas bereits einen Deal mit den Pharisäern abgeschlossen, der ihn in die Geschichtsbücher katapultiert. Aber war er wirklich der

Bösewicht, oder einfach nur der Sündenbock, der das Pech hatte, zur falschen Zeit am falschen Ort zu sein?

Psychologisch betrachtet könnte man sagen, dass Judas ein Paradebeispiel für den inneren Konflikt ist. Auf der einen Seite die rhetorische Überzeugungskunst von Jesus, der die Menschen dazu bringt, das Gute zu sehen, und auf der anderen Seite die Verlockung von Geld und Macht. Man stelle sich vor, Judas sitzt auf einer Couch und erzählt einem Therapeuten von seinem Dilemma: „Ich wollte nur ein bisschen extra Geld für meine nächste Reise nach Jerusalem, aber dann kam dieser Kuss…" Es ist fast tragisch, dass er für seine Entscheidungen nicht einfach eine „Klausel für persönliche Rechnungen" hatte.

Historisch gesehen gibt es viele Interpretationen von Judas' Verrat. Einige sehen ihn als den ultimativen Bösewicht, der das Vertrauen seiner Freunde verrät, während andere ihn als einen tragischen Helden darstellen, der ein notwendiges Übel in der Geschichte war.

Stellen wir uns vor, Judas hätte ein Buch mit dem Titel „Wie man Freunde verliert und Menschen enttäuscht" geschrieben. Vielleicht hätte er sogar ein Kapitel über die Kunst des Verrats verfasst und darin gesagt: „Es ist alles eine Frage der Perspektive – und vielleicht ein bisschen Geld."

In der Ethik des Verrats wird es richtig knifflig. Ist Judas wirklich der Bösewicht oder eher ein Produkt seiner Zeit? Vielleicht war er einfach derjenige, der den Mut hatte, das zu tun, was andere nicht konnten. Denkt mal darüber nach: Wenn die Jünger einen „Verräter des Monats"-Award gehabt hätten, hätte Judas wahrscheinlich einen großen Pokal gewonnen, auch wenn er ihn nicht behalten konnte. Vielleicht hätten wir ihn auch als den ersten Reality-TV-Star bezeichnen können, der das Publikum mit seinem Drama fesselte.

Und während wir über Alternativen zu Judas nachdenken, gibt es viele andere Figuren, die in der Geschichte untergegangen sind, und die alle mit ihren eigenen Verratsgeschichten jonglierten. Die Legende von Judas im Mittelalter hat ihn in ein Symbol für Verrat und Loyalität verwandelt, das Generationen überdauerte. Wenn wir in die Tiefen der Geschichte eintauchen, stellen wir fest, dass Judas vielleicht nicht der einzige „schlechte Typ" war. Vielleicht waren die anderen Jünger nur besser darin, ihre eigenen Fehler zu verbergen, während Judas das Pech hatte, die Hauptrolle in einem Drama zu spielen, das niemand freiwillig geschrieben hätte.

Die Rolle von Geld und Macht: Ein klassisches Drama

In der großen Theateraufführung der Geschichte gibt es kaum eine Figur, die so viel Aufsehen erregt wie Judas Iskariot. Er ist der Protagonist eines klassischen Dramas, in dem Geld und Macht die Hauptdarsteller sind. Man stelle sich vor: Judas, der treue Jünger, der plötzlich zum Verräter wird – und das alles für ein paar Silberlinge. Ein bisschen wie ein schlecht geschriebener Krimi, in dem der Bösewicht einen viel zu offensichtlichen Plan verfolgt. Wer hätte gedacht, dass Geld so viele Probleme verursachen kann? Vielleicht hätte Judas einfach ein Hobby anfangen sollen, anstatt sich in die schmutzigen Geschäfte der religiösen Elite einzumischen.

Geld, dieses kleine Stück Metall, hat die erstaunliche Fähigkeit, Menschen zu verändern. In der Antike war es nicht anders als heute. Judas, der Geld liebte, aber auch die Macht, die damit einherging, fand sich in einem Konflikt wider Willen. Er könnte als der erste Influencer der Geschichte bezeichnet werden – nicht wegen seiner Social-Media-Fähigkeiten, sondern weil er einen echten Einfluss auf die Welt hatte. Eine kleine Entscheidung, ein bisschen Geld hier und da, und schon ist er der Superstar des Verrats. Aber mal ehrlich, wer kann schon dem Glitzern von Silbermünzen widerstehen, auch wenn der Preis dafür das eigene Seelenheil ist?

Wir sprechen oft über den ethischen Kompass von Judas, der offensichtlich etwas aus dem Lot geraten war. Vielleicht dachte er, dass er mit dem Geld seine Karriere als „Jünger des Jahres" finanzieren könnte. Doch statt eine goldene Uhr zu kaufen, die den Status eines Jüngers signalisiert, entschied er sich für den schnellen Geldrausch. Und so wird er zur tragischen Figur in einem Drama, das sich wie eine missratene Komödie anfühlt. Der Zuschauer fragt sich: Hätte er nicht einfach auch ein bisschen Geduld haben können? Vielleicht eine Geheime Mission planen oder ein Buch über die Geheimnisse der Jünger schreiben?

Die Legende von Judas ist im Mittelalter noch weiter gewachsen, als Geld und Macht die Menschen fest im Griff hatten. In dieser Zeit wurde er nicht nur als Verräter, sondern auch als Symbol für alles, was schiefgehen kann, wenn man seine moralischen Prinzipien gegen ein paar Goldstücke eintauscht. Ein bisschen wie die Geschichte von einem Typen, der seine Seele verkauft, um ein bisschen Ruhm zu erlangen – und am Ende hat er nichts außer einem schlechten Ruf und einem Haufen unerledigter Rechnungen. Man kann sich schon fragen, ob Judas den Vertrag damals wirklich gelesen hat, bevor er unterschrieb.

Letztlich bleibt Judas ein faszinierendes Beispiel für die Komplexität der menschlichen Natur. Geld und Macht sind wie das Salz in der Suppe – sie können das Gericht schmackhaft machen oder es völlig verderben.

Die Geschichte von Judas wird immer wieder erzählt, nicht nur als eine Mahnung, sondern auch als eine komödiantische Tragödie, die uns lehrt, dass wir manchmal die besten Entscheidungen treffen müssen, ohne uns von den glänzenden Versuchungen ablenken zu lassen. Vielleicht sollten wir alle ein wenig mehr wie die anderen Jünger handeln und weniger wie Judas, es sei denn, wir haben eine Vorliebe für dramatische Wendungen in unserem eigenen Leben.

Einführung in den inneren Verräter und den Verrat

Die Natur des Verrats

Die Natur des Verrats ist in der menschlichen Psyche tief verbunden. Verrat kann als eine Form des sozialen und emotionalen Konflikts betrachtet werden, bei dem Loyalität und persönliche Interessen aufeinanderprallen. Diese inneren Kämpfe sind oft von Schuld- und Schamgefühlen begleitet, die sowohl den Verräter als auch das verratene Individuum betreffen. Der Mensch als soziales Wesen ist ständig mit der Herausforderung konfrontiert, seine eigenen Bedürfnisse mit den Erwartungen und Verpflichtungen gegenüber anderen in Einklang zu bringen. Diese Dynamik kann zu einem Zustand führen, in dem der Drang nach persönlichem Vorteil über die moralischen und ethischen Standards siegt, die in zwischenmenschlichen Beziehungen verankert sind.

Gruppenzwang spielt eine entscheidende Rolle in der Natur des Verrats. Oftmals wird das individuelle Verhalten von den Normen und Erwartungen einer Gruppe beeinflusst, was dazu führen kann, dass jemand gegen seine eigenen Überzeugungen handelt. Die Psychologie des Verrats zeigt, dass Menschen bereit sind, ihre Loyalität zu verletzen, um sich der Mehrheit anzupassen oder um Anerkennung zu erhalten. Diese Gruppendynamik kann nicht nur den Verrat fördern, sondern auch die Schuldgefühle und den inneren Konflikt verstärken, die aus solchen Entscheidungen resultieren. Die Angst, ausgeschlossen zu werden oder nicht dazuzugehören, kann die moralischen Überlegungen stark beeinträchtigen und zu einem Verlust des Vertrauens in die eigene Urteilskraft führen.

Die Auswirkungen von Enttäuschung auf das Vertrauen in andere sind ebenfalls ein zentraler Aspekt der Verratsnatur. Wenn Menschen verraten werden, brechen oft die Grundlagen des Vertrauens, auf denen Beziehungen aufgebaut sind. Diese Enttäuschung kann zu einem tiefen Misstrauen führen, das nicht nur die betroffene Beziehung, sondern auch zukünftige zwischenmenschliche Interaktionen beeinflusst. Der Prozess der Heilung nach einem Verrat ist langwierig und herausfordernd, da die Betroffenen oft Schwierigkeiten haben, ihre Emotionen zu verarbeiten und wieder Vertrauen zu fassen. Die Rolle von Schuld und Scham wird hierbei noch verstärkt, da der Verräter mit dem Gewicht seiner Entscheidungen leben muss und der Verrat oft zu einem ständigen inneren Konflikt führt.

Trauma ist ein weiterer wichtiger Faktor in der Natur des Verrats. Erlebte traumatische Erfahrungen können die Wahrnehmung von Loyalität und Verrat erheblich beeinflussen. Menschen, die in ihrer Kindheit oder Jugend verraten wurden, tragen oft diese Erfahrungen in ihren späteren Beziehungen mit sich. Dieses Trauma kann zu einem verzerrten Verständnis von Vertrauen und Loyalität führen, was wiederum die Wahrscheinlichkeit erhöht, dass sie selbst in verletzlicheren Momenten zu verräterischem Verhalten neigen. Die Verbindung zwischen Trauma und Verrat ist vielschichtig und erfordert ein tiefes Verständnis der individuellen Psychologie, um die zugrundeliegenden Motive zu erkennen und zu adressieren.

Abschließend lässt sich sagen, dass die Psychologie der Vergebung eine entscheidende Rolle bei der Bewältigung von Verrat und dessen Konsequenzen spielt. Die Frage, ob Verrat geheilt werden kann, ist komplex und hängt von verschiedenen Faktoren ab, einschließlich der Bereitschaft zur Reflexion und der Fähigkeit, Empathie zu empfinden. Vergebung ist nicht nur ein Akt des Mitleids gegenüber dem

Verräter, sondern auch ein wichtiger Schritt für das Opfer, um den emotionalen Ballast des Verrats loszulassen. Die Evolution des Verrats in sozialen und kulturellen Kontexten zeigt, dass diese Dynamiken nicht statisch sind, sondern sich im Laufe der Zeit entwickeln. Indem wir die Natur des Verrats besser verstehen, können wir nicht nur unsere eigenen inneren Konflikte bewältigen, sondern auch die Beziehungen zu anderen Menschen heilen und stärken.

Bedeutung von Verrat in der menschlichen Psychologie

Der Verrat selbst ist ein komplexes Phänomen, das tief in der menschlichen Psychologie verwurzelt ist und sich auf verschiedene Aspekte des Lebens auswirkt. Die Bedeutung von Verrat reicht über individuelle Beziehungen hinaus und beeinflusst auch gesellschaftliche Strukturen. In einer Welt, in der Loyalität oft als Tugend angesehen wird, kann der Verrat als das genaue Gegenteil betrachtet werden. Dennoch ist es wichtig zu erkennen, dass Verrat nicht nur destruktiv ist; er kann auch als Katalysator für Veränderung und Wachstum dienen. Die Auseinandersetzung mit dem eigenen inneren Judas ermöglicht ein tieferes Verständnis für die menschliche Natur und die Dynamik zwischen Vertrauen und Verrat.

Psychologisch betrachtet ist Verrat oft das Ergebnis innerer Konflikte und unbewusster Motive.

Menschen stehen häufig vor der Wahl, zwischen Loyalität zu einer Gruppe oder Person und den eigenen Bedürfnissen und Wünschen zu entscheiden. Diese innere Zerrissenheit kann zu einem Gefühl der Entfremdung führen, wenn man das Gefühl hat, dass die eigenen Werte nicht mit denen des Umfelds übereinstimmen. Der Verrat an anderen kann somit auch als ein Akt der Selbstbehauptung interpretiert werden, bei dem Individuen versuchen, sich von den Erwartungen anderer zu befreien. Dies wirft die Frage auf, ob der Verrat an sich als moralisch verwerflich angesehen werden kann, wenn er aus einem Bedürfnis nach Selbstschutz oder Selbstverwirklichung entsteht.

Der Einfluss von Verrat auf zwischenmenschliche Beziehungen ist weitreichend. Wenn Vertrauen gebrochen wird, kann dies zu einem tiefen emotionalen Schmerz führen, der nicht nur die betroffenen Individuen, sondern auch das soziale Gefüge beeinflusst. Beziehungen, die durch Verrat belastet sind, verlieren oft ihre Stabilität und können zu einer Spirale von Misstrauen und Isolation führen. Die Wiederherstellung von Vertrauen ist ein langwieriger Prozess, der oft mit intensiven emotionalen Auseinandersetzungen verbunden ist. In vielen Fällen kann der Verrat jedoch auch als Gelegenheit zur Reflexion und zur Stärkung von Beziehungen dienen, wenn die beteiligten

Personen bereit sind, sich ihren Konflikten zu stellen und an einer Lösung zu arbeiten.

In der Gesellschaft spielt Vertrauen eine fundamentale Rolle, da es die Grundlage für soziale Interaktionen und Gemeinschaften bildet. Verrat untergräbt dieses Vertrauen und kann zu einem allgemeinen Misstrauen innerhalb einer Gesellschaft führen. Politische Skandale, wirtschaftliche Betrügereien und persönliche Konflikte sind Beispiele, wie Verrat das Vertrauen in Institutionen und zwischen Individuen erschüttern kann. Ein Verlust des Vertrauens führt oft dazu, dass Menschen defensiver werden und sich aus sozialen Bindungen zurückziehen. Daher ist es entscheidend, dass Gesellschaften Mechanismen entwickeln, um Vertrauen zu fördern und die negativen Auswirkungen von Verrat zu minimieren.

Die Auseinandersetzung mit dem Konzept des Verrats in der menschlichen Psychologie bietet wertvolle Einblicke in die Dynamiken von Loyalität, Vertrauen und Verrat. Indem wir die Gründe und Konsequenzen des Verrats untersuchen, können wir die Komplexität menschlicher Beziehungen besser verstehen. Jeder Mensch trägt einen inneren Judas in sich, der sowohl die Fähigkeit zu verletzen als auch zu heilen in sich birgt. Letztlich ist die Beschäftigung mit Verrat nicht nur eine Analyse von Fehlverhalten, sondern auch eine tiefere Erkundung der menschlichen Identität und der ständigen

Suche nach Balance zwischen persönlichen Bedürfnissen und sozialen Verpflichtungen.

Die menschliche Natur und innere Konflikte

Die menschliche Natur ist komplex und vielschichtig, geprägt von einem ständigen Spannungsfeld zwischen verschiedenen inneren Antrieben und moralischen Überzeugungen. Jeder Mensch hat das Potenzial, sowohl loyal als auch verräterisch zu handeln. Diese Zerrissenheit ist nicht nur ein individuelles Phänomen, sondern spiegelt sich auch in den sozialen Strukturen wider, in denen wir leben. Die Frage, warum jeder einen Judas in sich trägt, ist eine Einladung zur Auseinandersetzung mit den dunkleren Facetten der menschlichen Psyche und den Bedingungen, unter denen wir bereit sind, unsere Loyalitäten zu hinterfragen oder gar zu verraten.

Innere Konflikte entstehen oft, wenn persönliche Wünsche und gesellschaftliche Erwartungen aufeinanderprallen. Die Suche nach Anerkennung, Macht oder Zugehörigkeit kann dazu führen, dass Individuen ihre moralischen Grundsätze über Bord werfen. Psychologische Studien zeigen, dass Menschen in Stresssituationen eher geneigt sind, Entscheidungen zu treffen, die sie unter normalen Umständen ablehnen würden. Diese Dynamik verdeutlicht, wie dünn die Linie zwischen Loyalität und Verrat sein kann und wie leicht wir in einen inneren Konflikt geraten, wenn unsere Bedürfnisse und die Erwartungen unserer Umgebung in Konflikt stehen.

Der Einfluss von Verrat auf zwischenmenschliche Beziehungen ist tiefgreifend und oft verheerend. Ein einmal gebrochenes Vertrauen hinterlässt nicht nur emotionale Wunden, sondern kann auch das Fundament von Beziehungen destabilisieren. Wenn Loyalität in Frage gestellt wird, stellen sich viele Menschen die Frage, ob sie in Zukunft weiterhin vertrauen können oder ob sie sich vor weiteren Verletzungen schützen müssen. Diese Überlegungen führen häufig zu einem Rückzug aus zwischenmenschlichen Beziehungen, was die Einsamkeit und Isolation verstärken können, die viele Menschen in Zeiten des Verrats empfinden.

Das Vertrauen spielt eine entscheidende Rolle in der Gesellschaft, da es die Grundlage für Zusammenarbeit und Gemeinschaft bildet. Ohne Vertrauen sind soziale Bindungen schwach, und die Bereitschaft, sich anderen anzuvertrauen, schwindet. In einer Welt, in der Verrat eine ständige Bedrohung darstellt, wird das Streben nach Loyalität oft zu einem verzweifelten Versuch, die eigene Verletzlichkeit zu schützen. Die psychologischen Aspekte von Verrat und Loyalität sind somit nicht nur individuelle Herausforderungen, sondern auch gesellschaftliche

Phänomene, die das Zusammenleben und die Interaktionen zwischen Menschen bestimmen.

In der Auseinandersetzung mit der menschlichen Natur und den inneren Konflikten wird deutlich, dass Loyalität und Verrat nicht nur individuelle Entscheidungen sind, sondern auch durch gesellschaftliche Normen und Werte geprägt werden. Diese Erkenntnis lädt dazu ein, die eigenen inneren Konflikte zu reflektieren und zu verstehen, wie sie das eigene Verhalten und die Beziehungen zu anderen beeinflussen. Der Weg zur Überwindung dieser Konflikte führt über das Bewusstsein für die eigenen Antriebe und die Bereitschaft, an der eigenen Integrität zu arbeiten, um so einen Raum für echte Loyalität und vertrauensvolle Beziehungen zu schaffen.

Moralische Dilemmata und Entscheidungsfindung

Moralische Dilemmata sind zentrale Themen in der Psychologie und Ethik und stellen häufig herausfordernde Situationen dar, in denen Individuen zwischen zwei oder mehreren moralisch gleichwertigen Optionen wählen müssen. Diese Dilemmata sind besonders relevant, wenn es um Fragen von Verrat und Loyalität geht. Die Entscheidungen, die wir in solchen Momenten treffen, sind oft von tiefgreifenden emotionalen und psychologischen

Prozessen geprägt, die unsere Werte, Überzeugungen und Beziehungen beeinflussen. Insbesondere die Frage, warum jeder Mensch einen "Judas" in sich trägt, ist eng mit der Betrachtung dieser komplexen moralischen Entscheidungen verknüpft.

Ein klassisches Beispiel für ein moralisches Dilemma ist das Trolley-Problem, bei dem eine Person entscheiden muss, ob sie das Leben einer Person opfert, um mehrere andere zu retten. Solche hypothetischen Szenarien veranschaulichen, wie schwer es sein kann, zwischen dem eigenen moralischen Kompass und den Anforderungen der Situation abzuwägen. In Bezug auf Verrat wird die Entscheidung oft von der Angst vor Verlust und der Notwendigkeit beeinflusst, sich selbst zu schützen, was die Loyalität gegenüber anderen in Frage stellt. Diese inneren Konflikte sind nicht nur individuell, sondern auch gesellschaftlich relevant, da sie die Grundlage für viele zwischenmenschliche Beziehungen bilden.

Die psychologischen Aspekte von Verrat und Loyalität sind entscheidend, um das Verhalten von Menschen in moralischen Dilemmata zu verstehen. Forschungsergebnisse zeigen, dass Menschen oft dazu neigen, ihre eigenen Interessen über die Loyalität zu anderen zu stellen, insbesondere in Situationen, in denen sie sich bedroht fühlen. Diese Neigung kann zu einem Teufelskreis von Misstrauen und Betrug führen, der das Vertrauen in Beziehungen untergräbt. Die psychologischen Mechanismen, die hinter diesen Entscheidungen stehen, sind vielfältig und beinhalten emotionale Reaktionen, kognitive Verzerrungen und soziale Einflüsse.

Der Einfluss von Verrat auf zwischenmenschliche Beziehungen ist oft tiefgreifend und kann zu langfristigen Schäden führen. Wenn eine Person verraten wird, kann dies nicht nur das Vertrauen zwischen den Beteiligten zerstören, sondern auch das Selbstwertgefühl und die Fähigkeit zur emotionalen Bindung beeinträchtigen. In vielen Fällen führt Verrat zu einem Rückzug aus sozialen Beziehungen oder zu einem defensiven Verhalten, das zukünftige Bindungen erschwert. Die Verarbeitung solcher Erfahrungen ist ein wichtiger Bestandteil der psychologischen Heilung und des Wiederaufbaus von Vertrauen.

In der Gesellschaft spielt Vertrauen eine fundamentale Rolle, da es die Grundlage für funktionierende Gemeinschaften und soziale Interaktionen bildet. Moralische Dilemmata, die mit Verrat und Loyalität verbunden sind, stellen jedoch eine Herausforderung dar, die das Vertrauen erheblich erschüttern kann. Wenn Individuen in ihren Entscheidungen von eigenen Interessen geleitet werden, kann dies zu einem allgemeinen Gefühl der Unsicherheit führen. Daher ist es wichtig, die moralischen und psychologischen Dimensionen dieser Dilemmata zu betrachten, um ein besseres Verständnis für die Dynamik von Verrat und Loyalität in unserem Leben zu entwickeln und effektive Strategien zur Förderung von Vertrauen in der Gesellschaft zu erarbeiten.

Die Bedeutung des inneren Verräters

Die Bedeutung des inneren Verräters ist ein besonderes Thema in der psychologischen Auseinandersetzung mit den eigenen inneren Konflikten und der Selbstwahrnehmung. Der innere Verräter symbolisiert die Teile unserer Persönlichkeit, die uns sabotieren, unsere Ziele untergraben oder uns von unserem wahren Selbst entfremden. Diese inneren Stimmen, Ängste und Zweifel können als eine Art Selbstkritik oder innere Opposition verstanden werden, die uns daran hindern, unser volles Potenzial auszuschöpfen. Indem wir uns mit diesen inneren Verrätern auseinandersetzen, können wir lernen, ihre Rolle in unserem Leben zu erkennen und zu verstehen.

Ein wichtiger Aspekt des inneren Verräters ist die Art und Weise, wie er sich in verschiedenen Lebensbereichen manifestiert. In Zeiten der Unsicherheit oder des Wandels neigen viele Menschen dazu, sich selbst zu sabotieren, indem sie sich von negativen Gedanken leiten lassen. Diese Gedanken können aus Erfahrungen in der Kindheit, traumatischen Erlebnissen oder gesellschaftlichen Erwartungen resultieren. Die Auseinandersetzung mit diesen inneren Stimmen ist entscheidend, um herauszufinden, aus welcher Quelle sie stammen und wie sie unser Verhalten beeinflussen.

Die Bedeutung des inneren Verräters erstreckt sich auch auf die zwischenmenschlichen Beziehungen. Oft projizieren wir unsere inneren Konflikte auf andere Menschen und entwickeln Misstrauen oder Ängste, die auf unseren eigenen Unsicherheiten basieren. Diese Dynamik kann zu Konflikten führen und das Vertrauen in Beziehungen untergraben. Indem wir uns mit unserem inneren Verräter auseinandersetzen, können wir lernen, diese Projektionen zu erkennen und zu hinterfragen, was zu einer gesünderen und authentischeren Interaktion mit anderen führt.

Ein weiterer relevanter Punkt ist die Möglichkeit der Transformation. Der innere Verräter muss nicht zwangsläufig als negativ wahrgenommen werden. Vielmehr kann er auch als ein Hinweis auf unerfüllte Bedürfnisse oder unerforschte Aspekte unserer Persönlichkeit dienen. Durch die Konfrontation mit diesen inneren Stimmen können wir wertvolle Einsichten gewinnen, die uns helfen, unsere Identität zu formen und unser Leben bewusster zu gestalten. Diese Transformation erfordert Mut und die Bereitschaft, sich den eigenen Ängsten zu stellen.

Abschließend lässt sich sagen, dass die Bedeutung des inneren Verräters weitreichende Implikationen für das persönliche Wachstum hat. Indem wir lernen, unsere inneren Widersprüche zu erkennen und zu akzeptieren, eröffnen wir uns die Möglichkeit, ein authentisches und erfülltes Leben zu führen. Der innere Verräter kann somit sowohl als Hindernis als auch als Wegweiser betrachtet werden, der uns zu einem tieferen Verständnis unserer selbst und unserer Beziehungen zu anderen führt.

Alternativen zu Judas: Andere versunkene Figuren

Brutus: Der andere Verräter der Geschichte

Wenn wir über Verräter sprechen, kommt uns viel zu oft nur Judas Iskariot in den Sinn. Doch in der grandiosen Arena der Geschichtsmächte gibt es einen weiteren Spieler, der das Etikett „Verräter" mit Bravour trägt: Brutus. Man könnte sagen, dass Brutus der Judas der römischen Republik war, nur mit weniger charakterlichen Ambivalenzen und mehr Toga-Drama. Während Judas für 30 Silberlinge seine Loyalität verkaufte, war Brutus vielleicht eher der Typ, der beim Abendessen mit den Freunden auf die Idee kam, dass ein Mord an Caesar doch eine gute Möglichkeit wäre, die Diskussion über die politische Philosophie zu beleben. Ein wahrer Visionär, oder?

Die Vorstellung, dass Brutus sich in einem schwachen Moment gegen seinen besten Freund wendet, ist schon fast tragikomisch. Stellen Sie sich vor, Sie sitzen mit Ihrem besten Kumpel in einem Café und diskutieren über die Vorzüge von Schokoladeneis, und plötzlich beschließen Sie, dass der einzige Ausweg aus der Freundschaft ein brutaler Mord ist. Das ist wie ein schlechtes Drehbuch aus Hollywood. Doch Brutus nahm diese Entscheidung ernsthaft, als ob er bei einem besonders hitzigen Pokerabend die Runde mit einem All-In überraschen wollte. „Ich habe eine Idee, lasst uns einfach den Diktator umbringen!"

Brutus's Verrat war nicht nur eine Frage von Freundschaft oder Loyalität, sondern auch von Philosophie. Man könnte sagen, dass er eine Art „ethische Überzeugung" hatte, die ihn antrieb.

Während Judas für materielle Güter verriet, war Brutus der Typ, der mit einem philosophischen Zitat aus der Antike in den Mord hineinspazierte. Er dachte wahrscheinlich, dass er die Welt retten würde, während er gleichzeitig ein paar römische Bürger von der Tyrannei befreite. Vielleicht hätte er ein paar Bücher über „Das richtige Maß" lesen sollen, bevor er sich entschloss, seinen besten Freund zu erledigen.

Und so kommt es, dass Brutus, der als Held des republikanischen Roms gefeiert wurde, im Schatten von

Judas ein wenig wie der unbeholfene Cousin wirkt, der immer wieder in die Fettnäpfchen tritt.

Während Judas die ganze Sache mit einem Kuss und einer gewissen Dramatik erledigte, entschied sich Brutus für den direkten Weg, der ein wie eine römische Reality-Show ohne die glamourösen Effekte wirkte. „Komm schon, Leute, lasst uns das einfach hinter uns bringen!" könnte sein Motto gewesen sein.

Am Ende zeigt uns die Geschichte, dass Verrat viele Gesichter hat. Ob Judas oder Brutus, beide Figuren stehen für die verschiedenen Facetten des Verrats, die die Menschheit schon immer beschäftigt haben. Sie erinnern uns daran, dass die Wahl zwischen Loyalität und Verrat oft in einem humoristischen Schauspiel endet, in dem nicht nur die Hauptdarsteller, sondern auch das Publikum immer wieder überrascht wird. Vielleicht sollten wir aufhören, nur zu verurteilen, und stattdessen die Absurdität des menschlichen Verhaltens feiern – denn das ist es, was die Geschichte so unterhaltsam macht.

Der unerwartete Verrat: Figuren, die mich überrascht haben

In der großen Theaterbühne der Geschichte gibt es viele Charaktere, die uns mit ihrem überraschenden Verrat auf die Nerven gegangen sind. Denken wir wieder an Judas Iskariot, dessen Name zum Synonym für Verrat wurde – als ob er die Meisterklasse in „Wie man alles vermasselt" besucht hätte. Aber schauen wir uns auch andere Überraschungsgäste an, die uns genauso aus den Socken gehauen haben. Wer hätte gedacht, dass Brutus, der beste Freund von Julius Caesar, sich als das ultimative „Hinterhältige" entpuppen würde? Es ist fast so, als hätten sie sich bei einem Kaffeekränzchen über ihre Pläne ausgetauscht: „Hey, lass uns mal schauen, wie wir es am besten anstellen können, um alle zu schockieren!"

Ein weiteres Beispiel, das uns lehrt, dass man nie zu vorsichtig sein kann, ist der Fall von Benedict Arnold. Ein Patriot, der zum Spion wurde! Das ist so, als würde ein Koch in einem Restaurant, der für seine Geheimrezepte bekannt ist, plötzlich anfangen, die Rezepte seiner Kollegen zu stehlen und sie an die Konkurrenz zu verkaufen. Ich meine, was hat er sich dabei gedacht? Vielleicht dachte er, dass das „Verrat im Namen der Freiheit" ein neues Trendwort wäre. Wir können uns nur vorstellen, wie die Gespräche bei den patriotischen Versammlungen verliefen, als Arnold das Wort ergriff: „Leute, ich habe da eine Idee..."

Und dann gibt es noch die griechische Mythologie, in der uns der berühmte Achilles begegnet. Ein echter Held, richtig? Nun, nicht ganz. Seine Schwachstelle war nicht nur seine Ferse, sondern auch seine Launenhaftigkeit. Wenn Achilles auf die Idee kam, sich einfach aus dem Kampf zurückzuziehen, nur weil ihm etwas nicht passte, war das für seine Truppe der größte Schock.

Vielleicht war er einfach der erste „Drama Queen" der Geschichte – „Schaut her, ich gehe jetzt nach Hause und lasse euch mit euren Problemen allein!"

Im Mittelalter gab es auch viele Figuren, die uns mit ihrem Verrat überrascht haben. Ein Beispiel ist der englische König Richard III. Er wurde als der Bösewicht in Shakespeare's Stück dargestellt, aber war er wirklich der einzige Übeltäter? Vielleicht war er einfach ein missverstandenes Genie, das gerne die Kontroversen um sich herum schürte. „Warum sich mit dem König der Herzen abgeben, wenn ich auch der König der Intrigen sein kann?" dachte er sich wahrscheinlich. So viel Drama in einem einzigen Königreich! Es ist fast so, als hätte er die ersten Reality-TV-Serien erfunden.

Am Ende stellt sich die Frage: Was macht einen Verräter aus? Ist es die Tat selbst oder die Art und Weise, wie diese Tat die Menschen überrascht? Judas, Brutus, Arnold – sie alle haben uns gelehrt, dass der Verrat oft aus den unerwartetsten Ecken kommt. Vielleicht sollten wir alle ein wenig vorsichtiger sein, wenn wir mit anderen umgehen und uns fragen: „Könnte dieser nette Typ mir irgendwann das Messer in den Rücken rammen?" Aber keine Sorge, es gibt immer noch viele Figuren, die uns überraschen können – der Spaß hört hier nicht auf!

Die Schatten der Geschichte: Wen habe ich sonst übersehen?

Die Schatten der Geschichte sind oft so dick, dass man einen ganzen Schlitten durchziehen könnte, ohne auch nur einen Funken Licht zu sehen. Wenn wir über die berühmtesten Verräter der Geschichte sprechen, landet Judas Iskariot immer ganz oben auf der Liste. Aber während wir uns mit seinem schicksalhaften Kuss und den dreißig Silberlingen befassen, gibt es eine ganze Reihe von anderen schillernden Figuren, die wir übersehen haben. Wer sind diese schattenhaften Gestalten, die im Vergleich zu Judas wie die Support-Acts eines Rockkonzerts wirken? Lasst uns eine kleine Reise in die Geschichte machen und einige dieser vergessenen Helden des Verrats entdecken.

Begonnen haben wir mit Brutus, dem Mann, der als das Urbild des Verrats gilt, aber nicht ganz so gut im Marketing war. „Du auch, Brutus?" – eine Frage, die er sich wahrscheinlich selbst gestellt hat, als er auf das Gesicht von

Julius Caesar blickte. Brutus hatte das Pech, dass seine Tat von Shakespeare festgehalten wurde, wodurch er in der Geschichte als der unglückliche Freund und Mörder galt. Wenn Judas das Gesicht des Verrats ist, dann ist Brutus das Gesicht des „Ich wollte nur helfen, aber es ging schief". Vielleicht sollten wir ihn beim nächsten Mal mehr in den Vordergrund rücken und weniger über die Silberlinge sprechen.

Dann gibt es da noch, wie erwähnt, den kleinen, aber feinen Charakter von Benedict Arnold, der in den USA als der größte Verräter gilt. Er war wie der Typ auf der Party, der das ganze Buffet aufisst und dann sagt: „Ich war nur auf Diät." Arnold hatte seine Gründe, aber am Ende der Geschichte wurde er von seinen eigenen Leuten verstoßen, was ihn zu einer weiteren tragischen Figur macht, die in der Dunkelheit der Geschichte verloren ging. Vielleicht hätte er ein besseres Marketingkonzept gebrauchen können – „Der Mann, der mit den Briten zusammenarbeitete, um die Freiheit zu gewinnen!" – das hätte sicher einige auf seine Seite gebracht.

Und dann haben wir noch die weniger bekannten, aber nicht weniger interessanten Figuren wie Roger Casement, der gegen das britische Empire arbeitete und zum Symbol des Verrats wurde, während er versuchte, die Menschenrechte in Irland zu fördern. Casement war ein echter Idealist, der dachte, er könne die Welt retten, nur um am Ende in den schmutzigen Geschichtsbüchern als „Verräter" zu landen.

Wenn wir heute über Ethik sprechen, sollten wir uns auch fragen, ob es nicht besser gewesen wäre, ihm eine Medaille statt ein Verbrechen anzuhängen.

Schließlich dürfen wir auch die Frauen nicht vergessen, die in der Geschichte oft im Schatten stehen. Man denke nur an Mata Hari, die als Spionin und Verräterin galt, obwohl sie in erster Linie eine Tänzerin war. Stattdessen könnte man argumentieren, dass sie einfach nur ein wenig kreatives Networking betrieben hat. Vielleicht sollten wir das nächste Mal, wenn wir über Verrat sprechen, auch den Mut und die Kreativität dieser Frauen feiern. Schließlich sind es oft die, die im Schatten stehen, die das Licht der Geschichte wirklich erhellen.

Historische und kulturelle Perspektiven

Historische Perspektiven auf Verrat haben in der menschlichen Zivilisation immer eine bedeutende Rolle gespielt. Verrat wird oft als ein Akt des Ungehorsams oder der Illoyalität angesehen, der nicht nur individuelle Beziehungen, sondern auch ganze Gesellschaften destabilisieren kann. Historische Ereignisse wie der Verrat von Judas Iskariot an Jesus Christus sind tief in das kulturelle Gedächtnis eingegangen und haben die Art und Weise geprägt, wie wir Verrat wahrnehmen. In vielen Kulturen wurde Verrat als das schwerwiegendste Vergehen angesehen, das nicht nur den Verräter selbst, sondern auch die Gemeinschaft, zu der er gehört, in Mitleidenschaft zieht.

Im Laufe der Geschichte wurden verschiedene Formen des Verrats dokumentiert, von politischen Intrigen bis hin zu persönlichen Verrätereien. In der Antike war der Verrat häufig mit Machtspielen verbunden, die für den Erhalt oder den Verlust von Reichtum und Einfluss entscheidend sein konnten. In diesen Kontexten wurde Verrat oft als notwendiges Übel betrachtet, um das Überleben oder den Aufstieg einer Gruppe zu sichern. Die Geschichten und Mythen, die sich um Verrat ranken, spiegeln die komplexen moralischen Dilemmata wider, mit denen Menschen konfrontiert sind, wenn es um Loyalität und Treue geht.

Die psychologischen Aspekte von Verrat und Loyalität haben ebenfalls eine lange Geschichte. Psychologen haben untersucht, warum Menschen in bestimmten Situationen verraten und was sie dazu bewegt, ihre Loyalität aufzugeben. Oft ist es der Druck von außen, der dazu führt, dass Individuen Entscheidungen treffen, die im Widerspruch zu ihren persönlichen Überzeugungen stehen. Der Verlust von Vertrauen, der durch Verrat entsteht, kann tiefgreifende Auswirkungen auf zwischenmenschliche Beziehungen haben und das soziale Gefüge einer Gemeinschaft belasten. Die Angst vor Verrat kann dazu führen, dass Menschen defensiver werden und weniger bereit sind, Vertrauen zu schenken.

Ein zentrales Thema in der Diskussion über Verrat ist die Rolle des Vertrauens in der Gesellschaft. Vertrauen ist das Fundament, auf dem soziale Beziehungen aufgebaut sind, und wenn dieses Vertrauen erschüttert wird, kann es zu einem Dominoeffekt kommen. Verrat kann nicht nur zu persönlichen Konflikten führen, sondern auch zu einem umfassenden Vertrauensverlust in Institutionen und Gemeinschaften. Historische Beispiele zeigen, wie gesellschaftliche Umbrüche oft von weitreichendem Verrat begleitet werden, der das Vertrauen in Führungs-persönlichkeiten und Systeme untergräbt.

Zusammenfassend lässt sich feststellen, dass die historischen Perspektiven auf Verrat eine wichtige Grundlage für das Verständnis der psychologischen Aspekte von Loyalität und Verrat bieten. Die Komplexität menschlicher Beziehungen und die Herausforderungen, die sich aus der Notwendigkeit ergeben, Vertrauen zu schaffen und aufrechtzuerhalten, ist zeitlos. Indem wir die Geschichte des Verrats betrachten, können wir wertvolle Einsichten gewinnen, die uns helfen, die Dynamik von Loyalität und Vertrauen in der modernen Gesellschaft besser zu verstehen und die Frage zu reflektieren, warum jeder von uns einen Judas in sich trägt.

Judas Iskariot, der Apostel, der Jesus verriet, wird seit Jahrhunderten als Symbol für Verrat und Untreue angesehen. In der christlichen Tradition hat er oft eine negative Konnotation, und sein Name ist zum Synonym für Verrat geworden. Doch die Interpretationen von Judas' Handlungen und Motiven sind über die Jahrhunderte hinweg vielfältig und variieren je nach kulturellem und historischem Kontext.

Schließlich ist es wichtig, die Auswirkungen von Verrat auf das Vertrauen in zwischenmenschlichen Beziehungen zu betrachten. Historische Beispiele zeigen, dass Verrat nicht nur individuelle Schicksale beeinflusst, sondern auch das kollektive Gedächtnis einer Gesellschaft prägt. Die Frage der Vergebung und der Heilung nach einem Verrat wird zu einem zentralen Thema, das die psychologische Analyse von Verrat weiter vertieft. Die Entwicklung von Verrat im Laufe der Geschichte offenbart, dass die menschliche Psyche in ihrer Komplexität und Widersprüchlichkeit stets im Spannungsfeld zwischen Loyalität und persönlichen Interessen agiert.

In der Antike wurde Judas häufig als das personifizierte Böse dargestellt. Diese Sichtweise wurde nicht nur von religiösen Texten, sondern auch von der Kunst und Literatur beeinflusst. Werke wie Dante Alighieris "Göttliche Komödie" zeigen Judas als den schlimmsten Sünder, der in die tiefsten Abgründe der Hölle verbannt wurde. Diese Darstellungen prägten das kollektive Gedächtnis und führten zu einer stigmatisierenden Sichtweise auf den Verräter, die bis in die moderne Zeit anhält. Die Legende von Judas wird oft als warnendes Beispiel für die Gefahren von Gier, Eifersucht und moralischer Schwäche herangezogen.

Im Laufe der Jahrhunderte begannen einige Denker, Judas' Rolle differenzierter zu betrachten. Die gnostischen Schriften, wie das sogenannte Judas-Evangelium, präsentieren eine alternative Sichtweise, die Judas als einen notwendigen Akteur im göttlichen Plan darstellt. Diese Perspektive stellt die Idee des Verrats in Frage und bietet Raum für die Diskussion über die Komplexität menschlicher Motive und die Frage des freien Willens. In dieser Sichtweise wird Judas nicht als reiner Bösewicht, sondern als ein Teil des göttlichen Schicksals gesehen, was zu einer tiefen Reflexion über die Natur des Guten und Bösen führt.

Kulturelle Narrative über Verrat sind nicht auf das Christentum beschränkt. In vielen Kulturen ist das Thema des Verrats ein wiederkehrendes Motiv, das in Mythen, Folklore und Literatur auftaucht. In der griechischen Mythologie wird beispielsweise der Verrat von Freunden oft als tragisches Element dargestellt, das weitreichende Konsequenzen für die Gemeinschaft hat. Solche Erzählungen zeigen, dass Verrat nicht nur individuelle Konflikte betrifft, sondern auch kollektive Identitäten und soziale Strukturen beeinflusst. Diese universelle Natur des Themas macht es zu einem wichtigen Gegenstand für psychologische und kulturelle Analysen.

Die Erforschung der historischen und kulturellen Perspektiven des Judas eröffnet nicht nur Einblicke in die menschliche Psyche, sondern regt auch zu einer kritischen Auseinandersetzung mit den eigenen inneren Konflikten an. Die Frage, was es bedeutet, ein "innerer Verräter" zu sein, wird durch die Linse von Judaskonzepten bereichert, die von unterschiedlichen Kulturen und Zeiten geprägt sind. In der heutigen Zeit, in der Fragen von Loyalität, Verrat und moralischer Verantwortung in vielen Bereichen des Lebens relevant sind, bleibt die Figur des Judas ein kraftvolles Symbol für die Herausforderungen und Komplexitäten des menschlichen Daseins.

Ein weiteres Beispiel ist der Verrat während des Zweiten Weltkriegs, als viele Menschen in widerständige Bewegungen engagiert waren. Einige von ihnen wurden von ehemaligen Freunden oder Nachbarn verraten, was zu Verhaftungen und sogar zur Exekution führte. Diese Situationen verdeutlichen, wie Angst und der Wunsch nach Selbstschutz Menschen dazu bringen können, ihre Loyalität gegenüber Freunden und Mitmenschen zu hinterfragen.

Genauso kann man dabei auch den Verrat an Freunden und Nachbarn betrachten, die durch das engste Umfeld „zum Schutze der Republik" begangen wurden, in dem Sie eigene

Mitbürger als Informeller Mitarbeiter (IM) des Ministeriums für Staatssicherheit (Stasi) ausspionierten.

Der Druck, sich einer übergeordneten Ideologie anzupassen, kann zu schweren inneren Konflikten führen und verdeutlicht die Komplexität menschlicher Beziehungen in Krisenzeiten.

Dies führt uns zu der Überlegung, wie Enttäuschungen und das Streben nach Anerkennung in zwischenmenschlichen Beziehungen zu Verrat führen können und verdeutlichen somit die komplexe Natur menschlicher Entscheidungen und die moralischen Dilemmata, die damit einhergehen.

Die Legende von Judas im Mittelalter

Judas als Teufel: Wie die Kirche ihn umformte

Judas Iskariot, der Mann, der für seinen Verrat bekannt ist, wurde von der Kirche zur Lieblingsfigur für das Böse umgestaltet. Man könnte sagen, dass er das erste Opfer von "Cancel Culture" war, lange bevor es diesen Begriff gab. Während die anderen Jünger fröhlich mit Jesus umherzogen, schien Judas das Pech zu haben, die Rolle des unglücklichen Sündenbocks zu übernehmen. Es ist fast so, als hätte die Kirche ein Casting für den besten Bösewicht veranstaltet, und

Judas, der auf dem Vorsprechen etwas zu viel über seinen nächsten „Pakt" plauderte, wurde sofort ausgewählt.

Aber warum wurde aus einem Mann, der einfach nur einen etwas unglücklichen Deal machte, der Teufel persönlich? Die Antwort liegt in der schrecklichen Kombination aus Misinterpretation und der menschlichen Vorliebe für einfache Geschichten. Die Kirche brauchte einen Bösewicht, um die religiöse Erzählung zu verstärken. Judas wurde zum perfekten Symbol für Verrat, während die anderen Jünger wie die strahlenden Helden der Geschichte erschienen. Wenn man an das letzte Abendmahl denkt, sieht man nicht nur die Gesichter von 13 Männern, sondern auch eine klare Hierarchie der Gut-gegen-Böse-Dynamik, die sich in die Köpfe der Gläubigen einbrannte.

Im Mittelalter wurde Judas dann zum Synonym für alles, was schiefgehen kann. Die Legenden über ihn wuchsen wie Unkraut. Von der Vorstellung, dass er mit einem Kuss den Herrn verriet, bis hin zu Geschichten, in denen er die Kassen für die nächste große außerirdische Veranstaltung leerte – die Fantasie kannte keine Grenzen. Man kann sich vorstellen, wie die Dorfpfarrer bei ihren Predigten über Judas mit einem Augenzwinkern und einem zwinkernden Finger auf ihn zeigten, während die Gläubigen in ihren Bänken zitterten, als wäre er der Teufel persönlich, der nach dem nächsten Opfer Ausschau hielt.

Natürlich gibt es auch die psychologische Perspektive. Wer könnte es Judas verdenken, dass er die Seiten gewechselt hat? Vielleicht hatte er einfach genug von den ständigen „Folge mir nach"-Aufrufen und dem Mangel an Snacks während der langen Wanderungen. Auch wenn wir alle wissen, dass Verrat verwerflich ist, müssen wir uns fragen, ob Judas nicht einfach nur nach einem besseren Job gesucht hat. Vielleicht war er der erste echte Existentialist, der die Frage stellte: „Was bringt mir das alles?" und entschied, dass ein wenig Geld und ein bisschen Ruhm es wert waren.

Am Ende bleibt Judas ein faszinierendes Beispiel dafür, wie die Geschichte und die Kirche die Narrative formen können. Er ist mehr als nur ein einfacher Verräter; er ist ein kulturelles Symbol, das sich durch die Jahrhunderte zieht. Vielleicht sollten wir ihm etwas mehr Mitgefühl entgegenbringen und ihn nicht nur als den personifizierten Teufel ansehen, sondern auch als den ersten Menschen, der das ungeschriebene Gesetz des „Was wäre, wenn..." in die Tat umsetzte. Schließlich könnte jeder von uns an einem schlechten Tag in seine Fußstapfen treten – nur mit einem besseren PR-Team.

Die Kunst des Verrats: Judas in der Malerei

In der Welt der Malerei gibt es kaum eine Figur, die so viele Künstler zu kreativen Höchstleistungen anregte wie Judas Iskariot. Man könnte meinen, dass der Verrat an Jesus ein eher trübes Thema ist, aber die Künstler haben es geschafft, ihm einen Hauch von Dramatik und sogar eine Prise Humor zu verleihen. Von leidenschaftlichen Darstellungen bis hin zu skurrilen Interpretationen – Judas wird in der Kunst oft so dargestellt, als hätte er gerade einen besonders misslungenen Witz erzählt. Man stelle sich vor, er steht mit einem großen Sack voller Silberlinge da und fragt: „Wo sind die meisten Leute? Ich habe ein paar gute Neuigkeiten über Jesus!"

Ein besonders bemerkenswertes Beispiel ist das berühmte Gemälde von Giotto, das Judas in einem Licht zeigt, das mehr an einen überforderten Komiker erinnert als an einen Verräter. Während die anderen Apostel schockiert und entsetzt aussehen, scheint Judas fast zu kichern, als ob er wüsste, dass er die beste Pointe des Abends hat. Es ist fast so, als würde er sagen: „Hey Leute, ich habe einen Plan! Und keine Sorge, das wird ein echter Knaller!" Diese künstlerische Freiheit lässt uns schmunzeln und zeigt, dass der Verrat nicht nur eine düstere Sache ist, sondern auch eine Quelle für schrägen Humor sein kann.

In der Barockzeit jedoch wurde Judas oft als der Inbegriff des Bösen dargestellt. Hier verlieren die Künstler ihren humorvollen Ansatz und zeigen ihn mit finsterer Miene und dramatischen Schatten. Man könnte meinen, sie hätten die Anweisung erhalten, ein Portrait des ultimativen Bösewichts zu schaffen, das sogar den Teufel neidisch machen würde. In diesen Gemälden sieht Judas aus, als hätte er gerade einen besonders schmackhaften Apfel gegessen – und zwar den, der zu einem gewissen Zeitpunkt im Garten Eden von jemandem angeboten wurde. Diese Darstellung lässt uns schmunzeln über die Absurdität, dass jemand, der so offensichtlich böse aussieht, es tatsächlich geschafft hat, sich unter die „Guten" zu mischen.

Wenn wir uns die Renaissance-Kunst ansehen, wird Judas manchmal als tragische Figur dargestellt, die von inneren Konflikten geplagt wird. Hier wird er so menschlich und nachvollziehbar dargestellt, dass man fast mit ihm Mitleid haben möchte – wenn er nicht gerade seine dunklen Machenschaften aushecken würde. Es ist, als würde er sagen: „Ich wollte wirklich nicht der Böse sein, aber die Umstände waren einfach zu verlockend!" Diese Darstellungen laden uns ein, über das Wesen des Verrats nachzudenken und wie oft wir selbst in Situationen geraten, in denen wir uns fragen: „Was zur Hölle habe ich mir dabei gedacht?"

In der modernen Kunst schließlich wird Judas oft als Symbol für das Dilemma zwischen Loyalität und Verrat genutzt. Hier wird er nicht einfach als der Bösewicht dargestellt, sondern als jemand, der vielleicht das System herausfordert. Künstler scheinen ihm eine gewisse Würde zu verleihen, während sie gleichzeitig die Frage aufwerfen, ob Verrat nicht vielleicht auch eine Form von Loyalität gegenüber einer anderen Wahrheit sein könnte. In diesen Werken wird Judas manchmal mit einem Augenzwinkern dargestellt, als ob er uns sagen möchte: „Ja, ich habe einen Fehler gemacht, aber hey, ich habe es nicht für mich getan – es war für die Kunst!" So bleibt Judas in der Kunst ein faszinierendes und oft humorvolles Thema, das uns immer wieder zum Nachdenken anregt.

Geschichten und Legenden: Was die Leute wirklich dachten

In der Welt der Geschichten und Legenden ist Judas Iskariot die Hauptfigur einer tragisch-komischen Aufführung, in der er oft als der Bösewicht auftritt, der einen Kuss als Eintrittskarte zum Verrat nutzt. Man fragt sich, ob Judas bei dem letzten Abendmahl wirklich gedacht hat, dass sein Handeln eine Art von „Machtspiel" ist oder ob er einfach nur die falsche Entscheidung in der Cafeteria getroffen hat. Vielleicht hatte er auch nur Hunger und wollte seine Kumpels dazu bringen, ihn beim nächsten Essen nicht mehr zu ignorieren. Es ist ja nicht immer einfach, im Rampenlicht zu stehen, vor allem, wenn man derjenige ist, der die ganze Sache vermasselt hat.

Die Legende besagt, dass Judas für dreißig Silberlinge die Freundschaft von Jesus verkauft hat. Ein ziemlich schlechter Deal, wenn man bedenkt, dass man dafür nicht einmal ein Set an beliebten Pokémon-Karten bekommt. Aber vielleicht war Judas einfach ein Fan von Schnäppchen und dachte, er könnte mit dem Geld etwas Besseres anfangen. In den Geschichtsbüchern wird er oft als der Inbegriff des Verrats dargestellt, während er in der modernen Popkultur, als das „schwarze Schaf" mit dem besten Marketing-Twist fungiert. Schließlich, wer könnte schon sagen, dass er einen eigenen Platz im Schatten des Glaubens hat?

Wenn wir uns die psychologischen Interpretationen von Judas anschauen, stellen wir fest, dass er nicht nur ein einfacher Verräter war, sondern auch ein Mann mit komplexen inneren Konflikten. Vielleicht war er der Typ, der immer das Gefühl hatte, nicht genug zu sein – wie jemand, der nie die Hauptrolle in einem Theaterstück bekommt, weil er immer die falsche Zeile lernt. „Der Kuss des Verrats" könnte auch als eine missratene Idee für ein romantisches Drama durchgehen, bei dem die falsche Person einfach zur falschen Zeit am falschen Ort ist. Man könnte sagen, Judas war der erste unglückliche Held in einer Geschichte voller Missverständnisse.

Im Mittelalter wurde Judas dann zum Symbol für alles Böse und wurde in vielen Geschichten als der Inbegriff des Verrats und der Untreue dargestellt. Man stellte sich vor, dass er mit einem großen, schwarzen Umhang durch die Straßen schlich, während er heimlich seine Pläne schmiedete. Natürlich gab es auch einige, die ihn als tragische Figur sahen, die unter dem Druck der Erwartungen zu scheitern drohte. Ironischerweise könnte man argumentieren, dass Judas der erste Influencer war, der mit seinem Verrat die Massen mobilisierte, ohne es wirklich zu wollen. „Der Kuss" könnte als der erste virale Moment in der Geschichte gelten, der die Aufmerksamkeit der Welt auf sich zog.

Letztlich bleibt Judas ein faszinierendes Thema, das uns zeigt, dass die Grenzen zwischen Loyalität und Verrat oft verschwommen sind. Während wir über ihn schmunzeln und in Geschichten schwelgen, denken wir vielleicht auch daran, dass wir alle manchmal in die Versuchung geraten, die falsche Wahl zu treffen. Vielleicht ist das Geheimnis, das uns Judas hinterlassen hat, nicht nur die Warnung vor Verrat, sondern auch die Erkenntnis, dass wir alle ein bisschen Judas in uns tragen – und dass wir alle ab und zu einen Kuss der Verwirrung geben könnten.

Judas als Symbol für Verrat und Loyalität

Der ewige Konflikt: Verrat oder Loyalität?

Wenn wir über Judas Iskariot sprechen, haben wir es, wie festgestellt, mit einem der bekanntesten Verräter der Geschichte zu tun. Aber mal ehrlich, was wäre die Geschichte ohne ihn? Ein paar weniger Diskussionen in theologischen Seminaren, keine hitzigen Debatten beim Abendessen und vor allem: kein modern interpretierter Judas im Theater, der mit einem schiefen Grinsen auf die Bühne tritt. Die Frage, die uns alle beschäftigt, ist: War er wirklich der Bösewicht, für den wir ihn halten, oder war er einfach ein missverstandenes Genie, das sich nach dem nächsten großen Coup sehnte?

Man könnte sagen, dass Judas der erste Mensch war, der den alten Spruch „Jeder hat seinen Preis" auf die Spitze trieb. Für dreißig Silberlinge, die er vermutlich in einer dunklen Gasse abholte, verriet er seinen Meister. Vielleicht wollte er einfach nur ein wenig Geld für die nächste große Party. Wer kann schon widerstehen, als der eigene Geldbeutel nach einer Auffrischung schreit?

Hier stehen also die Fragen im Raum: Ist das Verrat oder einfach nur kluges Investieren in die eigene Zukunft? Vielleicht war er einfach ein pragmatischer Typ, der das große Bild sehen wollte.

Die Loyalität, die Judas gegenüber Jesus versprach, könnte man mit einem falsch geschnittenen Pizza-Stück vergleichen. Man denkt, man bekommt die beste Auswahl, nur um dann festzustellen, dass man am Ende doch nur den Käserand abbekommen hat. War Judas also der Einzige, der die Realität sah, während die anderen Jünger noch im Wolkenkuckucksheim lebten? Die Vorstellung, dass er aus Loyalität handelte, als er Jesus verriet, ist mindestens genauso absurd wie der Gedanke, dass man beim Kauf von einem neuen Smartphone nicht auch sein altes Gerät in die Tonne kloppen sollte.

Die Legenden rund um Judas haben sich im Mittelalter wie ein Lauffeuer verbreitet. Man könnte sagen, dass er die erste „Social Media Influencer"-Figur war. Er wurde zum Symbol für Verrat, aber auch für die innere Zerrissenheit, die viele Menschen empfinden, wenn es darum geht, ihre Loyalität zu beweisen. In den Geschichten wurde er oft übertrieben dargestellt, als ob er mit einer dunklen Kapuze durch die Straßen schlich und das Böse in Person war. Vielleicht hatte er einfach nur einen schlechten Tag und wollte schnell nach Hause, bevor der Kühlschrank leer war.

Am Ende ist die Frage nach Loyalität und Verrat nicht nur auf Judas beschränkt. In jedem von uns gibt es eine kleine Portion von beidem. Es ist wie ein innerer Kampf zwischen dem Wunsch, das Richtige zu tun und der Versuchung, den einfacheren Weg zu wählen. Wir sollten vielleicht Judas mit einem Lächeln betrachten und uns daran erinnern, dass wir alle manchmal in die Versuchung geraten können, die loyale Pizza zu verraten, um das Stück mit extra Käse zu bekommen. Schließlich sind wir alle nur Menschen – und manchmal, ja manchmal, ist das Leben einfach zu kurz, um nicht ein bisschen zu verraten.

Judas in der Popkultur: Ein Superstar des Verrats

Judas Iskariot, der Superstar des Verrats, hat sich in der Popkultur als eine der schillerndsten Figuren etabliert. Während andere historische Persönlichkeiten in die Geschichtsbücher eingehen, hat Judas die einzigartige Fähigkeit, in Liedern, Filmen und sogar in der Werbung als das wandelnde Symbol des Verrats aufzutreten. Wir können uns ein modernes Musikvideo kaum vorstellen, in dem nicht mindestens eine Zeile über „den Typen, der Jesus verkauft hat" geflüstert wird. Wie schon erwähnt, war er der erste Influencer, der mit einem einzigen Post – oder in seinem Fall, einem Kuss – die Weltgeschichte durcheinandergebracht hat. Und das alles für 30 Silberlinge! Wenn das nicht nach einem schlechten Deal klingt, dann wissen wir auch nicht weiter.

In einer Welt, in der jeder nach Ruhm und Anerkennung strebt, hat Judas mit seinem ganz speziellen Verrats-Stil einen

Platz in den Herzen (und Köpfen) der Menschen gefunden. Filme wie „Die Passion Christi" und „Jesus Christ Superstar" zeigen uns, dass Judas nicht nur ein einfacher Verräter, sondern auch eine tragische Figur ist, die mit seinen Entscheidungen kämpft. Vielleicht hat er einfach nicht die richtige PR-Beratung gehabt. Hätte er ein paar Influencer-Tipps befolgt, könnte er heute als „Judas, der Retter" gefeiert werden. Stattdessen hat er den Titel des „schlechtesten Freundes" der Geschichte geerbt, was ihm wahrscheinlich in den ersten Runden beim „Wer wird Millionär?" nicht geholfen hat.

Die Ethik des Verrats wird oft durch die Linse von Judas' Taten betrachtet, und das ist eine ziemliche Herausforderung. „War er wirklich so schlimm?" fragen sich viele, während sie sich mit einer Tüte Chips in der Hand auf die Couch lümmeln. Einige diskutieren, ob er nicht vielleicht einen guten Grund hatte, Jesus zu verraten. Schließlich könnte man argumentieren, dass er einfach ein Opfer seines Schicksals war, der in die Rolle des Bösewichts gedrängt wurde. Wir alle haben schon mal einen schlechten Tag gehabt, aber Judas hat gleich die ganze Woche vermasselt. Vielleicht hätte er sich einfach auf seine eigene Karriere konzentrieren sollen, anstatt sich auf den neuesten Trend der „Verrat" zu stürzen.

Aber lassen Sie uns nicht nur auf Judas schauen! Es gibt auch andere versunkene Figuren in der Geschichte, die das Potenzial haben, in der Popkultur zu glänzen. Wer hat zum

Beispiel von dem Typen gehört, der den ersten Kühlschrank erfunden hat? Oder denjenigen, der den ersten Aufzug entworfen hat? Diese Leute haben zwar keine großen Geschichten über Verrat, aber sie könnten sicherlich die nächste Netflix-Serie zum Leben erwecken. Während Judas' Geschichte immer wieder erzählt wird, bleibt das Schicksal vieler anderer historischer Persönlichkeiten im Schatten. Warum nicht eine Serie namens „Die talentierten Versager der Geschichte" starten? Das würde sich sicher gut verkaufen.

Im Mittelalter wurde Judas oft als Symbol des Verrats und der Loyalität dargestellt. In den Erzählungen wurde er nicht nur als Bösewicht, sondern auch als ein Mensch mit einer komplexen Psyche gesehen. Vielleicht war er der erste Protagonist, der ein echtes „Schattendasein" führte. Während die Menschen in der Kirche über Vergebung sprachen, konnte Judas nur mit seinen eigenen inneren Dämonen kämpfen. In einer Zeit, in der die Leute für ihre Sünden mit einem guten alten Ablassbrief bezahlen konnten, hat Judas den ultimativen Preis gezahlt – und das alles, nur um ein bisschen Aufmerksamkeit zu bekommen. Ein echter Superstar des Verrats, der uns lehrt, dass man manchmal auch mit dem Schlechtesten aus der Geschichte rechnen muss, um die besten Geschichten zu erzählen.

Die Rezeption von Judas in verschiedenen Kulturen

Die Rezeption von Judas in verschiedenen Kulturen ist ein facettenreiches Thema, das sich über Jahrhunderte erstreckt und in unterschiedlichen Kontexten interpretiert wurde. In der christlichen Tradition wird Judas Iskariot oft als Inbegriff des Verrats dargestellt. Diese Darstellung ist tief in der biblischen Erzählung verwurzelt, insbesondere im Neuen Testament, wo er als der Jünger gilt, der Jesus für dreißig Silberlinge verraten hat. Diese Handlung hat nicht nur die christliche Theologie geprägt, sondern auch die Art und Weise, wie Verrat in der westlichen Kultur verstanden wird. Judas wird häufig als negative Figur betrachtet, die für Gier, Feigheit und Untreue steht.

In der jüdischen Tradition hingegen wird Judas's Rolle differenzierter betrachtet. Während die christliche Sichtweise den Fokus auf den Verrat legt, wird in der jüdischen Exegese oft die Frage nach den Motiven und der Komplexität von Judas's Charakter aufgeworfen. Einige jüdische Interpretationen sehen ihn nicht nur als Verräter, sondern auch als eine tragische Figur, die in einem größeren göttlichen Plan agiert. Diese Sichtweise führt zu einer differenzierten Diskussion über die Themen Schicksal und freier Wille, die in der jüdischen Philosophie zentral sind.

In der islamischen Tradition wird Judas in einem ganz anderen Licht betrachtet. Der Koran erwähnt nicht direkt Judas, jedoch wird die Vorstellung von Verrat und dessen Konsequenzen in der islamischen Lehre behandelt. Viele Muslime glauben, dass Jesus nicht gekreuzigt wurde, und dass jemand anderes an seiner Stelle starb. In diesem Kontext wird Judas nicht als der Verräter dargestellt, sondern als jemand, der möglicherweise zum Opfer der Umstände wurde. Dies führt zu einer spannenden Diskussion über die unterschiedlichen Auffassungen von Schuld und Verantwortung in den abrahamitischen Religionen.

In der modernen Literatur und Popkultur hat Judas ebenfalls einen bemerkenswerten Einfluss. Romane, Filme und Musik nutzen häufig die Figur Judas, um Themen wie Verrat, Loyalität und die menschliche Natur zu erkunden. Werke wie "Judas" von Lady Gaga oder die Musical-Adaption von "Jesus Christ Superstar" bieten neue Perspektiven und stellen die traditionellen Narrativen in Frage. Diese Darstellungen spiegeln oft die zeitgenössischen gesellschaftlichen Fragen und moralischen Dilemmata wider, indem sie die Komplexität menschlichen Verhaltens und die Grauzonen zwischen Gut und Böse thematisieren.

Die Rezeption von Judas in verschiedenen Kulturen zeigt, wie tief verwurzelt und vielseitig das Thema Verrat ist. Von der biblischen Erzählung über religiöse Interpretationen bis hin zu modernen künstlerischen Ausdrücken wird Judas zu einem Symbol für die Auseinandersetzung mit moralischen Fragen und menschlichen Schwächen. Diese unterschiedlichen Perspektiven laden dazu ein, über die Folgen von Verrat nachzudenken und deren Relevanz für unsere heutige Gesellschaft zu hinterfragen.

Der Einfluss des Verrats auf religiöse und politische Bewegungen

Verrat hat in der Geschichte sowohl religiöse als auch politische Bewegungen tiefgreifend beeinflusst. Der bekannteste Verrat ist der von Judas Iskariot, der nicht nur die christliche Lehre prägte, sondern auch als Symbol für Treuebruch und seine Konsequenzen fungierte. Die Auswirkungen seines Handelns sind bis heute spürbar und werfen Fragen über Loyalität, Glauben und die Dynamik zwischen Individuum und Gemeinschaft auf. Der Verrat an einer Bewegung kann den Verlauf ihrer Geschichte verändern und sie in eine Krise stürzen, die deren Fundament in Frage stellt.

Religiöse Bewegungen sind besonders anfällig für die Folgen von Verrat. Der Verrat eines Mitglieds kann das Vertrauen innerhalb der Gemeinschaft untergraben und zu Spaltungen führen. In vielen Fällen wird der Verräter zum Feind, und seine Motive werden hinterfragt. Die Figur des Judas wird in der christlichen Tradition oft als Inbegriff des Verrats betrachtet, und sein Handeln hat dazu geführt, dass das Bild des Verräters in vielen religiösen Kontexten negativ konnotiert ist. Dies hat nicht nur die Wahrnehmung von Verrat in religiösen Gemeinschaften geprägt, sondern auch die Art und Weise, wie Gläubige über Loyalität und Glauben reflektieren.

Politische Bewegungen sind ebenfalls von Verrat betroffen, wobei die Konsequenzen oft noch gravierender sind. Ein Verrat innerhalb einer politischen Organisation kann zu einem Machtvakuum führen, das von Rivalen ausgenutzt wird. Historische Beispiele, wie der Verrat von Senatoren in der römischen Republik, zeigen, wie solcher Verrat die Stabilität einer Regierung gefährden und sogar zu einem Machtwechsel führen kann. In modernen politischen Bewegungen kann der Verrat von Schlüsselpersonen zu einem Verlust der Glaubwürdigkeit führen und die Unterstützung der Basis gefährden.

Die Nachwirkungen des Verrats sind nicht nur kurzfristig, sondern können auch langfristige gesellschaftliche Veränderungen hervorrufen. In vielen Fällen führt der Verrat zu einer Neubewertung von Werten und Prinzipien innerhalb der Bewegung. Nach dem Verrat von Judas zum Beispiel kam es in der frühen Kirche zu einer verstärkten Diskussion über die Bedeutung von Loyalität und den Preis des Glaubens. Diese Reflexionen haben dazu beigetragen, dass sich die Gemeinschaften weiterentwickeln und anpassen konnten, um zukünftige Konflikte zu vermeiden.

In der heutigen Gesellschaft zeigt sich der Einfluss des Verrats in unterschiedlichen Formen, von politischen Skandalen bis hin zu persönlichen Konflikten innerhalb von Gemeinschaften. Die Analysen der Auswirkungen des Verrats erfordern ein umfassendes Verständnis der Dynamik von Beziehungen und der psychologischen Aspekte, die hinter Loyalität und Verrat stehen. Der Judas-Effekt ist somit nicht nur ein historisches Phänomen, sondern ein fortdauernder Prozess, der sowohl religiöse als auch politische Bewegungen prägt und deren Entwicklung maßgeblich beeinflusst.

Die Ethik des Verrats: Judas im Kontext

Ist Verrat immer schlecht?

Ist Verrat immer schlecht? Eine Frage, die wahrscheinlich schon mehr Philosophen, Psychologen und Geschichtsforscher in den Wahnsinn getrieben hat als die Frage nach dem Sinn des Lebens. Wenn wir an Verrat denken, kommt uns immer als erstes Judas Iskariot in den Sinn. Doch war er wirklich der Bösewicht, für den wir ihn halten? Vielleicht war er einfach der Einzige, der die Pläne für das nächste große Dinner nicht für sich behalten konnte!

In der Welt der Psychologie wird Verrat oft als das letzte Mittel angesehen, um aus einer misslichen Lage zu entkommen. Man könnte sagen, Verrat ist wie das letzte Stück Pizza bei einer Party – entweder man nimmt es selbst oder man sieht, wie es jemand anderer schnappte. Aber was, wenn dieser jemand andere ein guter Freund ist? Der Verrat wird plötzlich zur moralischen Frage. Vielleicht hat Judas nicht einfach verraten, sondern war ein Vorreiter des „Selbstschutzes". Schließlich hatte er seine eigenen Probleme und war auf der Suche nach der besten Strategie, um sich selbst zu retten – ein bisschen wie der letzte Überlebende in einem Reality-TV-Format.

Wenn wir uns die historischen Interpretationen von Judas' Verrat ansehen, stellen wir fest, dass die Meinungen hier weit auseinandergehen. Einige sehen ihn als das ultimative Böse, während andere ihn als tragischen Helden betrachten, der die Ereignisse in Bewegung setzte. Man könnte sagen, Judas war der erste Influencer, der mit einem einzigen Post (oder einem Kuss) die gesamte Geschichte umkrempelte. Wer hätte gedacht, dass ein bisschen Verrat so viel Aufsehen erregen könnte? Vielleicht hatte er einfach ein schlechtes Timing oder war von der schockierenden Wendung der Ereignisse selbst überfordert.

Die Ethik des Verrats ist ein weiteres spannendes Feld, in dem sich die Meinungen überschneiden. Ist es wirklich so einfach, Verrat als das Schlechte zu betrachten? Wenn wir uns in die Lage von Judas versetzen, könnten wir zu dem Schluss kommen, dass er vielleicht die beste Entscheidung für die damalige Zeit getroffen hat. In einer Welt, in der Loyalität und Verrat ständig auf dem Spiel stehen, könnte man argumentieren, dass Judas nicht nur ein Verräter, sondern auch ein Opportunist war. Und seien wir ehrlich, manchmal muss man einfach den richtigen Moment abpassen – auch wenn das bedeutet, den besten Freund zu verraten.

Am Ende bleibt die Frage, ob Verrat immer schlecht ist, eine Frage der Perspektive. Vielleicht ist Judas nicht der Bösewicht, für den wir ihn halten, sondern eher ein komplexer Charakter, der einfach zur falschen Zeit am falschen Ort war. Oder vielleicht ist er der beste Beweis dafür, dass manchmal ein bisschen Verrat notwendig ist, um die Dinge ins Rollen zu bringen. Wer weiß, vielleicht sind wir ja alle ein bisschen Judas, ob wir es wollen oder nicht. Und in dieser Welt der Grauzonen könnte Verrat letztlich nur eine andere Form der Loyalität sein – oder zumindest eine sehr unterhaltsame Geschichte!

Judas und der moralische Kompass: Ein Dilemma

Judas Iskariot, der berühmteste Verräter der Geschichte, ist wie ein schlechter Witz, der nie aus der Mode kommt. Man fragt sich, ob er einen moralischen Kompass hatte oder ob er einfach nur die falsche Karte gezogen hat. Vielleicht war sein Kompass defekt, oder er hat ihn einfach nur verlegt, während er nach dem besten Preis für seine Informationen suchte. Es ist fast so, als hätte er das Handbuch „Wie man seine Freunde verrät und dabei Geld verdient" gelesen und sich entschieden, die Tipps einzuhalten. Aber mal ehrlich, wenn dein Freund der Sohn Gottes ist, wie viel sollte man dann für seine Position auf dem Markt verlangen?

Betrachten wir die historische Perspektive. Judas hat die Rolle des Bösewichts so gut gespielt, dass selbst die Geschichtsbücher sich immer wieder auf ihn stützen. In einer Zeit, in der das Wort „Verrat" nicht nur ein Wort, sondern eine Kunstform war, fiel Judas ins Auge. Man könnte meinen, er hätte sich eine Oscar-Nominierung für die beste Nebenrolle verdient, wenn nicht den Hauptpreis für den besten Verräter. Doch wie oft haben wir uns gefragt, was ihn tatsächlich dazu trieb? War es Geld? Eifersucht? Oder einfach nur der Wunsch, seine eigene Geschichte zu schreiben und nicht die eines einfachen Jüngers?

Die Ethik des Verrats ist ein weiteres Kapitel, das wir aufschlagen sollten. Wenn wir uns Judas ansehen, ist es wie ein moralisches Rätsel, das selbst die besten Philosophen ins Schleudern bringt. Klar, er hat Jesus für dreißig Silberlinge verkauft, aber was wäre gewesen, wenn er im Lotto gewonnen hätte? Hätte er dann seinen engen Freund nicht verraten? Man könnte sagen, dass Judas als der größte Antagonist der Menschheitsgeschichte eine gewisse Sympathie verdient – immerhin hat er die gesamte Menschheit in eine Diskussion über Moral und Loyalität verwickelt. Vielleicht war er der erste Influencer, der mit einem einzigen Post das ganze Bild der Menschheitsgeschichte veränderte.

Wenn wir uns alternative Figuren ansehen, die in die Fußstapfen von Judas treten könnten, finden wir eine Reihe von Charakteren, die ebenfalls auf die schiefe Bahn geraten sind. Von dem unglücklichen Brutus, der seinen besten Freund Caesar verriet, bis zu dem armen Schreiber, der die Veruntreuung von Geldern in einem kleinen Dorf aufdeckte. Jeder hat seine eigene Geschichte, und doch bleibt Judas der Superstar des Verrats. Vielleicht hat er einfach die Kunst der Selbstdarstellung perfektioniert und uns alle über die Bedeutung von Loyalität und Verrat nachdenken lassen, während er selbst in den Schatten bleibt.

Die Legende von Judas im Mittelalter ist ein weiteres Beispiel dafür, wie wir Menschen dazu neigen, das Böse zu romantisieren. In den Geschichten wurde er zum Symbol für alles, was schiefgehen kann, wenn man das falsche Team wählt. Vielleicht gibt es da draußen eine alternative Realität, in der Judas als der Held gefeiert wird, der die Welt vor einer noch schrecklicheren Diktatur bewahrt hat. Wer weiß? Vielleicht hat er einfach den schlechten Ruf, den wir ihm gegeben haben, und in Wirklichkeit war er der einzige, der den Mut hatte, die Wahrheit auszusprechen. Am Ende des Tages bleibt Judas der unvergessliche Witz, der uns immer wieder zum Nachdenken bringt – und das ist doch auch eine Art von Triumph, oder?

Wenn Verrat zur Pflicht wird: Ein heikles Thema

Stellen Sie sich vor, Sie sind in einer Gruppe von Freunden, und plötzlich wird das Thema "Verrat" angesprochen. Jeder will seine Geschichte erzählen, vom Freund, der das letzte Stück Pizza gegessen hat, bis hin zu den größeren Dramen, die die Menschheit je gesehen hat. Und dann, wie aus dem Nichts, kommt das große Thema Judas Iskariot ins Spiel. Ja, der mit dem Kuss und dem Geld. Aber ganz ehrlich, wann wurde Verrat zur Pflicht? Ist es nicht wie ein ungeschriebenes Gesetz, dass man immer auf die eigene Haut schaut, bevor man den Freund verrät? Vielleicht sollte Judas ein bisschen mehr auf seine sozialen Kompetenzen achten.

Die historische Figur Judas wird oft als das Paradebeispiel für Verrat angesehen. Doch betrachten wir einmal die Umstände: Wer könnte bei einem Abendessen mit dem Messias nicht ein wenig nervös werden? Man könnte sich fragen, ob man vielleicht die nächste große Sache versauen könnte, indem man den letzten Schluck Wein trinkt oder die falschen Fragen stellt. Judas, der arme Kerl, hat einfach die falsche Entscheidung getroffen. Vielleicht dachte er, er würde mit seinem Verrat zu einer Art VIP-Club gehören, aber stattdessen landete er in den Geschichtsbüchern als der größte Bösewicht aller Zeiten. Es wäre doch amüsant zu sehen, wie er in der heutigen Zeit mit seinen Instagram-Followern umgeht, während er versucht, seine Reputation zu retten.

Kommen wir zur Ethik des Verrats. Eine interessante Frage, die uns alle betrifft. Was, wenn wir den Kontext ändern? Stellen Sie sich vor, Judas hätte mit seinen 30 Silberlingen eine schicke Bar eröffnet und die Leute mit seinen Geschichten über Jesus unterhalten. Wäre er dann immer noch der Verräter oder einfach ein cleverer Geschäftsmann? Vielleicht hätten wir dann die "Judas Happy Hour" und die Welt wäre ein wenig weniger dramatisch. Es gibt schließlich viele Möglichkeiten, wie man mit einem Verrat umgehen kann, und wir könnten ihn als einen Pionier des Entertainments feiern, anstatt ihn zu verurteilen.

Und was ist mit den anderen Figuren aus der Geschichte, die ebenfalls verraten haben, aber nicht die gleiche Aufmerksamkeit wie Judas bekommen? Da gibt es so viele, die in den Schatten stehen, vielleicht sogar mit einem Schild „Bitte ignorieren" über ihren Köpfen. Man stelle sich vor, wie ein modernes Reality-TV-Format über diese Personen aussehen würde: „Die verborgenen Verräter – wer wird die nächste Woche überstehen?" Es könnte eine spannende Mischung aus Drama und Humor sein, die die Zuschauer fesselt und gleichzeitig die Frage aufwirft, ob Verrat nicht auch eine Art von Kunst ist.

Im Mittelalter wurde Judas schließlich zur Kultfigur, die sowohl verachtet als auch verehrt wurde. Die Legende besagt, dass er in der Unterwelt ein eigenes Reich regieren könnte, wo er die besten Geschichten über Verrat erzählt. Vielleicht ist das die wahre Strafe für seinen Verrat: ein Leben voller Geschichten, die niemand hören will. Aber vielleicht hat er seine eigene Fangemeinde – die Schatten der Geschichte, die immer nach dem nächsten großen Drama lechzen. So wird aus Judas ein Symbol, das in seiner Doppeldeutigkeit sowohl Verrat als auch Loyalität verkörpert. Vielleicht sollten wir alle ein wenig mehr über den Tellerrand hinausblicken, bevor wir mit dem Finger auf andere zeigen.

Die Evolution des Verrats: Soziale und kulturelle Perspektiven

Verrat im historischen Kontext

Verrat ist ein Phänomen, das in der Geschichte der Menschheit tief verwurzelt ist und sich in verschiedenen Formen und Kontexten manifestiert. Historisch gesehen kann Verrat als ein Akt verstanden werden, der nicht nur individuelle Beziehungen, sondern auch ganze Gesellschaften und Nationen beeinflussen kann. Die Motive hinter Verrat sind vielfältig und reichen von persönlichen Interessen bis hin zu äußeren Zwängen, die Individuen in eine Position bringen, in der sie zwischen Loyalität und Eigeninteresse wählen müssen. Diese Spannungen sind oft der Nährboden für Konflikte und Dramen, die sich durch die Geschichte ziehen.

Die archetypische Darstellung des Verrats von Judas zeigt, dass Verrat oft mehr ist als ein einfacher Akt des Betrugs; er ist ein komplexes Zusammenspiel von Emotionen, sozialen Erwartungen und moralischen Dilemmata.

In vielen Kulturen wurde Verrat sowohl als eine der verachtenswertesten Taten als auch als eine notwendige Strategie in Zeiten des Krieges oder der politischen Umwälzungen betrachtet. Historische Ereignisse wie der Fall des römischen Senators Brutus, der Julius Caesar verriet, illustrieren, wie Verrat als Mittel zur Machtübernahme oder zur Verteidigung einer vermeintlich höheren Moral eingesetzt werden kann. Diese duale Perspektive auf Verrat zeigt, dass er nicht nur als destruktiv, sondern auch als potenziell konstruktiv angesehen werden kann, abhängig von den Umständen und den beteiligten Personen.

Die psychologischen Aspekte des Verrats in zwischenmenschlichen Beziehungen sind ebenfalls von großer Bedeutung. Verrat kann zu einem tiefen Gefühl der Enttäuschung führen, dass das Vertrauen in andere nachhaltig schädigt. Die Auswirkungen solcher Erfahrungen können langfristig sein und das individuelle Verhalten sowie die soziale Interaktion beeinflussen. In vielen Fällen führt Verrat zu einem inneren Konflikt zwischen dem Wunsch nach Vergebung und der Notwendigkeit, sich selbst zu schützen. Die damit verbundenen Gefühle von Schuld und Scham können Menschen dazu bringen, sich von ihren sozialen Kreisen zu isolieren und ihre Fähigkeit zur Empathie und Verbindung zu anderen zu beeinträchtigen.

Schließlich ist es wichtig, die Rolle von Trauma im Zusammenhang mit verräterischem Verhalten zu betrachten. Viele Menschen, die Verrat erfahren haben, tragen emotionale Narben, die ihre Wahrnehmung und ihr Verhalten gegenüber anderen prägen. In der Psychologie wird die Frage aufgeworfen, ob und wie Verrat geheilt werden kann. Die Psychologie der Vergebung spielt hierbei eine zentrale Rolle, da sie den Individuen helfen kann, die komplexen emotionalen und psychologischen Herausforderungen zu bewältigen, die mit Verrat verbunden sind. Die Evolution des Verrats, sowohl sozial als auch kulturell, zeigt, dass er ein unvermeidlicher Teil des menschlichen Daseins ist, der tiefere Einsichten in die menschliche Psyche und ihre Dynamiken bietet.

Kulturelle Unterschiede im Verständnis von Verrat

Kulturelle Unterschiede im Verständnis von Verrat sind ein faszinierendes und komplexes Thema, das tief in den sozialen Normen und Werten der jeweiligen Gesellschaft verwurzelt ist. In vielen Kulturen wird Verrat als eine der schwerwiegendsten Formen von Untreue angesehen, sei es im persönlichen, sozialen oder politischen Kontext. Diese Wahrnehmung kann stark von kulturellen Traditionen, religiösen Überzeugungen und historischen Erfahrungen geprägt sein. Während einige Kulturen stark auf Loyalität und Gemeinschaftsbindung setzen, legen andere den Fokus auf Individualismus und persönliche Freiheit, was zu unterschiedlichen Auffassungen darüber führt, was als Verrat gilt.

In kollektivistischen Kulturen, wie vielen asiatischen oder afrikanischen Gesellschaften, wird Verrat häufig als eine Verletzung des sozialen Gefüges betrachtet. Hier wird die Loyalität gegenüber der Familie oder der Gemeinschaft über persönliche Interessen gestellt. Das Brechen dieser Loyalität kann nicht nur individuelle Konsequenzen für den Verräter haben, sondern auch das Ansehen und die Stabilität der gesamten Gruppe gefährden. In diesen Kontexten wird Verrat oft mit Scham und Schuldgefühlen verbunden, die nicht nur den Verräter, sondern auch seine Angehörigen betreffen.

Im Gegensatz dazu tendieren individualistische Kulturen, wie viele westliche Gesellschaften, dazu, den Fokus auf persönliche Autonomie und Entscheidungsfreiheit zu legen. Hier wird Verrat häufig als eine persönliche Entscheidung angesehen, die weniger mit der Gemeinschaft und mehr mit individuellen Bedürfnissen und Wünschen verbunden ist. Diese Sichtweise kann dazu führen, dass Verrat in manchen Fällen als nachvollziehbar oder gar legitimiert angesehen wird, wenn die persönlichen Interessen des Einzelnen auf dem Spiel stehen. Diese unterschiedlichen Perspektiven können zu Missverständnissen und Konflikten führen, insbesondere in interkulturellen Beziehungen.

Ein weiterer entscheidender Aspekt ist der Einfluss von Gruppenzwang auf moralische Entscheidungen. In vielen Kulturen gibt es starke Erwartungen und Normen, die das

Verhalten von Individuen steuern. Der Druck, sich einer Gruppe anzupassen, kann dazu führen, dass Menschen Entscheidungen treffen, die sie als Verrat an ihren eigenen Werten empfinden. Diese Dynamik kann erheblich variieren, je nachdem, ob die Gesellschaft eher auf Konformität oder auf individuelle Entfaltung ausgerichtet ist. Der innere Konflikt zwischen Loyalität und persönlichen Interessen wird somit durch kulturelle Einflüsse verstärkt und kann zu tiefen psychologischen Spannungen führen.

Schließlich spielt die Rolle von Schuld und Scham in der menschlichen Psyche eine zentrale Rolle im Verständnis von Verrat. In Kulturen, in denen die Erwartungen an Loyalität und Treue besonders stark ausgeprägt sind, können die Folgen von Verrat für den Einzelnen verheerend sein. Die damit verbundenen Emotionen können in bestimmten Kontexten überwältigend sein und das Vertrauen in andere nachhaltig beeinträchtigen. Die Herausforderungen, die mit dem Verzeihen von Verrat verbunden sind, variieren ebenfalls stark, abhängig von den kulturellen Normen und Werten. Die Frage, ob Verrat geheilt werden kann, ist daher nicht nur eine individuelle, sondern auch eine kulturelle Herausforderung, die tiefere psychologische Einblicke erfordert.

Zukunftsperspektiven: Verrat in der modernen Gesellschaft

In der heutigen Gesellschaft ist Verrat ein komplexes Phänomen, das in vielen Facetten auftritt und wirklich tief in den zwischenmenschlichen Beziehungen verwurzelt ist. Die psychologischen Aspekte von Verrat sind vielfältig und beeinflussen nicht nur individuelle Entscheidungen, sondern auch kollektive Dynamiken innerhalb von Gruppen und Gemeinschaften. Der moderne Mensch sieht sich oft einem inneren Konflikt zwischen Loyalität und persönlichen Interessen gegenüber, was zu moralischen Dilemmata führt. Diese Spannungen können durch Gruppenzwang verstärkt werden, der dazu führt, dass Individuen Entscheidungen treffen, die im Widerspruch zu ihren eigenen Werten stehen.

Zudem spielen Schuld und Scham eine zentrale Rolle in der Wahrnehmung von Verrat. Wenn Menschen andere hintergehen, empfinden sie oft intensive emotionale Reaktionen, die sowohl das eigene Selbstbild als auch die Beziehungen zu anderen beeinträchtigen. Diese Emotionen können das Vertrauen in zwischenmenschliche Beziehungen nachhaltig schädigen und zu einem Kreislauf von Enttäuschung und Misstrauen führen. In einer Welt, in der soziale Verbindungen zunehmend durch digitale Medien vermittelt werden, ist die Möglichkeit, Verrat zu erfahren oder zu begehen, allgegenwärtig und wird durch die Anonymität des Internets noch verstärkt.

Das Verständnis von Trauma und dessen Verbindung zu verräterischem Verhalten ist ein weiterer wichtiger Aspekt. Menschen, die in ihrer Vergangenheit Verrat erfahren haben, können dazu neigen, diesen Schmerz auf andere zu projizieren, was zu einer Wiederholung des Musters führt. Diese Dynamik ist nicht nur individuell, sondern hat auch kulturelle Dimensionen, die in verschiedenen Gesellschaften unterschiedliche Ausdrucksformen finden. Die Evolution des Verrats zeigt, dass soziale und kulturelle Faktoren eine bedeutende Rolle bei der Entstehung und Wahrnehmung von Verrat spielen.

In der modernen Gesellschaft ist es entscheidend, die Psychologie der Vergebung zu erforschen. Die Frage, ob und wie Verrat geheilt werden kann, bleibt eine zentrale Herausforderung für Individuen und Gemeinschaften. Vergebung kann als ein Weg gesehen werden, um die psychologischen Wunden des Verrats zu heilen und die Beziehungen wiederherzustellen. Diese Thematik erfordert ein tiefes Verständnis der menschlichen Psyche und der Mechanismen, die hinter der Entscheidungsfindung stehen.

Abschließend lässt sich feststellen, dass die Zukunftsperspektiven hinsichtlich Verrates in der modernen Gesellschaft vielschichtig sind. Es ist unerlässlich, die zugrunde liegenden psychologischen Dynamiken zu erkennen, um sowohl individuelle als auch kollektive Strategien zur Bewältigung von Verrat zu entwickeln. Die Reflexion über den "Judas in jedem von uns" kann dazu beitragen, ein besseres Verständnis für die Komplexität menschlicher Beziehungen zu entwickeln und den Weg zu einer empathischeren und verständnisvolleren Gesellschaft zu ebnen.

Der Judas-Effekt in der modernen Gesellschaft

Verrat in der Politik

Verrat in der Politik hat eine lange Geschichte und lässt sich in zahlreichen Fallstudien nachweisen, die die tiefen Wurzeln und weitreichenden Folgen solcher Handlungen aufzeigen. Ein besonders prägnantes Beispiel ist der Fall von Julius Caesar und seinem Mord durch Brutus und andere Senatoren im Jahr 44 v. Chr. Dieser Verrat wird oft als ein Wendepunkt in der römischen Geschichte betrachtet, der nicht nur das Ende der Römischen Republik einleitete, sondern auch das Vertrauen in die politische Elite nachhaltig erschütterte. Brutus' berühmtes Zitat „Et tu, Brute?" verdeutlicht das persönliche Element des Verrats, das die Politik durchdringt und die Beziehungen zwischen den Machthabern und ihren Vertrauten belastet.

Ein weiteres Beispiel für politischen Verrat findet sich im 20. Jahrhundert, als der britische Politiker Anthony Eden während der Suezkrise die Unterstützung für Israel zurückzog. Eines der Hauptziele dieser Entscheidung war es, die Beziehung zu den Vereinigten Staaten zu bewahren, die gegen die militärische Intervention waren. Edens Entscheidung, die eigenen Verbündeten zu verraten, führte jedoch zu einem politischen Debakel und schadete seinem Ansehen sowie der britischen Außenpolitik. Diese Fallstudie verdeutlicht, wie Verrat nicht nur individuelle Karrieren, sondern auch nationale Interessen und internationale Beziehungen stark beeinflussen kann.

Im deutschen Kontext ist der Fall von Willy Brandt und dem sogenannten „Gehlen-Kreis" von Bedeutung. Brandt, der als Kanzler der Bundesrepublik Deutschland während der Ostpolitik große Fortschritte machte, wurde von ehemaligen Vertrauten verraten, die geheime Informationen über seine politischen Strategien an den Westen weitergaben. Dieser Verrat führte zu einer erheblichen politischen Krise und einem Vertrauensverlust in die sozialdemokratische Partei. Es zeigt sich, dass Verrat in der Politik oft nicht nur persönliche Motive hat, sondern auch ideologische und strategische Dimensionen umfasst, die weitreichende Konsequenzen für die Gesellschaft haben.

Die Auswirkungen von Verrat in der Politik sind nicht nur auf den jeweiligen historischen Moment beschränkt, sondern sie ziehen sich durch die Geschichte und beeinflussen die gegenwärtigen politischen Strukturen. Die Wiederholung solcher Muster ist in der modernen Politik deutlich zu erkennen, wo Skandale um Verrat und Unbedenklichkeit das Vertrauen der Wähler in ihre Repräsentanten untergraben. Dies führt zu einer Zunahme von Populismus und einer allgemeinen Skepsis gegenüber etablierten politischen Institutionen. Die Fallstudien zeigen, dass Verrat nicht nur individuelle Akte ist, sondern systemische Probleme widerspiegeln, die tief in den politischen Kulturen verwurzelt sind.

So lässt sich festhalten, dass der Verrat in der Politik eine komplexe und vielschichtige Thematik darstellt, die sowohl historische als auch moderne Relevanz besitzt. Die analysierten Fallstudien machen deutlich, dass Verrat nicht nur zu persönlichen Konsequenzen führt, sondern auch das politische Klima und das Vertrauen in demokratische Institutionen nachhaltig beeinflusst. Diese Dynamik erfordert eine tiefere wissenschaftliche Auseinandersetzung mit den Mechanismen des Verrats und seiner weitreichenden Nachwirkungen, um das Verständnis für politische Manipulation und die Gefahren des Misstrauens in der Gesellschaft zu schärfen.

Verrat in der Wirtschaft

Verrat in der Wirtschaft ist ein Phänomen, das nicht nur moralische, sondern auch weitreichende wirtschaftliche Folgen hat. Unternehmensskandale sind häufig das Ergebnis von unehrlichen Praktiken, die das Vertrauen in Institutionen untergraben und langfristige Schäden anrichten können. Historisch betrachtet zeigen sich diese Skandale in verschiedenen Formen, von Bilanzfälschungen über Insiderhandel bis hin zu Korruption. Diese Vorfälle hinterlassen nicht nur einen Schatten auf den betroffenen Unternehmen, sondern beeinträchtigen auch die gesamte Branche und das Vertrauen der Öffentlichkeit in die Wirtschaft.

Ein bekanntes Beispiel für einen Unternehmensskandal ist der Fall Enron, der zu einem der größten Betrugsfälle in der US-Geschichte wurde. Enron manipulierte seine Bücher, um den Anschein eines profitablen Unternehmens zu erwecken, während es in Wirklichkeit massive Verluste erlitten hatte. Der Skandal führte nicht nur zu Milliardenverlusten für Investoren und Mitarbeiter, sondern auch zu einem tiefen Misstrauen gegenüber der Regulierung von Unternehmen und der Rolle der Wirtschaftsprüfer. Die Nachwirkungen von Enron führten zur Einführung strengerer Gesetze, wie dem Sarbanes-Oxley Act, der darauf abzielt, die Transparenz und Integrität von Unternehmensberichten zu erhöhen.

Ein weiteres Beispiel ist der Volkswagen-Abgasskandal, der 2015 ans Licht kam. Volkswagen hatte systematisch Abgastests manipuliert, um die Emissionen seiner Fahrzeuge zu beschönigen. Dieser Skandal führte nicht nur zu enormen finanziellen Strafen für das Unternehmen, sondern auch zu einem massiven Imageverlust und einem Vertrauensbruch bei Verbrauchern und Investoren. Die langfristigen Auswirkungen sind spürbar, da sie nicht nur das Unternehmen selbst betreffen, sondern auch die gesamte Automobilindustrie und deren Innovationskraft im Hinblick auf nachhaltige Mobilität.

Die Analyse solcher Skandale offenbart ein Muster von Verrat, das tief in der Unternehmenskultur verwurzelt sein kann. Oft entstehen diese Situationen aus einem Druck, kurzfristige Gewinne zu maximieren, was wiederum zu ethisch fragwürdigen Entscheidungen führt. Unternehmen, die sich in einer wettbewerbsintensiven Umgebung behaupten müssen, neigen dazu, moralische Standards zu ignorieren, um ihre Ziele zu erreichen. Diese Dynamik führt zu einem Teufelskreis, in dem der Druck zur Leistung letztlich zu einem Verlust der ethischen Grundsätze führt.

Die gesellschaftlichen Auswirkungen von Unternehmens-skandalen sind nicht zu unterschätzen. Sie führen zu einem Verlust des Vertrauens in Institutionen und können weitreichende wirtschaftliche Konsequenzen nach sich ziehen. Bürger entwickeln eine skeptische Haltung

gegenüber Unternehmen und deren Führungs-
persönlichkeiten, was sich negativ auf das wirtschaftliche
Klima auswirken kann. Die Analyse des Verrats in der
Wirtschaft zeigt, dass die Lehren aus vergangenen Skandalen
neue Perspektiven auf die Notwendigkeit einer ethischen
Unternehmensführung und einer transparenten
Kommunikation eröffnen. Nur durch das Verständnis dieser
Dynamiken können wir eine vertrauenswürdige und
nachhaltige Wirtschaftsstruktur aufbauen.

Die Rolle der sozialen Medien im Verrat

Die Rolle der sozialen Medien im Verrat ist ein zunehmend
relevantes Thema in der heutigen Gesellschaft. Soziale
Medien haben die Art und Weise revolutioniert, wie
Informationen verbreitet werden und wie Beziehungen
zwischen Individuen und Gruppen gestaltet sind. Diese
Plattformen ermöglichen es Nutzern, Gedanken, Meinungen
und Informationen in Echtzeit zu teilen, was sowohl positive
als auch negative Auswirkungen auf das zwischenmenschliche Vertrauen hat. Der Verrat, historisch und
psychologisch betrachtet, wird durch die Dynamiken sozialer
Medien neu interpretiert und erforscht.

Ein zentraler Aspekt der sozialen Medien ist die Anonymität, die vielen Nutzern eine Plattform bietet, um ihre Gedanken und Meinungen ohne unmittelbare Konsequenzen zu äußern. Diese Anonymität kann zu einem Anstieg von Verratsakten führen, da Menschen sich sicherer fühlen, ihre wahren Überzeugungen preiszugeben oder andere zu hintergehen. In vielen Fällen führt dies zu einem Verlust von Vertrauen zwischen Freunden, Familienmitgliedern und Kollegen, was die sozialen Bindungen und die gesellschaftliche Struktur gefährdet. Der Vergleich zu Judas Iskariot, der seinen Lehrer und Freund verriet, ist hierbei nicht weit hergeholt; auch in der digitalen Welt gibt es Parallelen zu den klassischen Verratsmotiven.

Darüber hinaus spielen soziale Medien eine entscheidende Rolle bei der Verbreitung von Fehlinformationen und der Manipulation von Wahrnehmungen. In einer Zeit, in der Nachrichten und Informationen blitzschnell verbreitet werden, kann ein einzelner Tweet oder ein virales Video erhebliche Auswirkungen auf das öffentliche Bild einer Person oder einer Gruppe haben. Dies kann nicht nur zu öffentlichem Verrat führen, sondern auch zu einem gesellschaftlichen Klima, in dem Misstrauen und Paranoia vorherrschen. Die Dynamik der sozialen Medien fördert oft eine Kultur der sofortigen Urteile, die die Menschen dazu drängt, Entscheidungen zu treffen, die auf unvollständigen Informationen basieren.

Ein weiterer wichtiger Aspekt ist die Rolle der sozialen Medien in der Schaffung von Echokammern. Diese Phänomene führen dazu, dass Nutzer sich in ihren Überzeugungen bestärkt fühlen und alternative Perspektiven ignoriert werden. In solch einem Umfeld kann der Verrat an Freunden oder Gemeinschaften als legitim angesehen werden, wenn es darum geht, eine bestimmte Ideologie oder Meinung zu verteidigen. Diese Tendenz, sich von abweichenden Meinungen zu distanzieren, kann zu einer verstärkten Spaltung in der Gesellschaft führen und somit die Grundlagen des sozialen Zusammenhalts untergraben.

Am Ende lässt sich sagen, dass die sozialen Medien heute eine sehr umfassende Rolle im Kontext des Verrats spielen. Sie bieten nicht nur eine Plattform für den Austausch von Informationen, sondern auch für die Entstehung von Misstrauen und Spaltung. Die Analyse dieser Dynamiken im Rahmen der wissenschaftlichen Untersuchung des Verrats, wie sie im Kontext von Judas Iskariot betrachtet wird, ist entscheidend, um die Auswirkungen auf die heutige Gesellschaft besser zu verstehen. Diese Erkenntnisse können helfen, Wege aufzuzeigen, wie Vertrauen in einer zunehmend digitalen Welt wiederhergestellt werden kann.

Warum hat jeder einen Judas in sich?

Die Psychologie der Selbstinteressen

Selbstinteressen sind ein zentraler Bestandteil der menschlichen Psyche und spielen eine entscheidende Rolle in unseren zwischenmenschlichen Beziehungen. Jeder Mensch ist in gewissem Maße darauf programmiert, seine eigenen Bedürfnisse und Wünsche über die anderer zu stellen. Diese Tendenz kann oft zu einem inneren Konflikt führen, insbesondere wenn es um Fragen von Loyalität und Verrat geht. Der innere Judas, der in jedem von uns schlummert, wird häufig durch Situationen aktiviert, in denen das eigene Wohl mit dem Wohl anderer in Konflikt gerät. Die Psychologie der Selbstinteressen hilft uns, diese Dynamik besser zu verstehen.

Ein wichtiger Aspekt der Selbstinteressen ist die Wahrnehmung von Ressourcen und Belohnungen. Menschen neigen dazu, Situationen zu bewerten, in denen sie einen Vorteil erzielen können, wobei sie oft die Konsequenzen ihrer Handlungen für andere ignorieren oder minimieren. Diese egoistische Sichtweise ist nicht unbedingt negativ; sie kann auch als Überlebensstrategie betrachtet werden. Dennoch kann das Streben nach Selbstinteresse dazu führen, dass Vertrauen in Beziehungen untergraben wird, da der Eindruck entsteht, dass andere Menschen eher als Mittel zum Zweck betrachtet werden.

Die Auswirkungen von Selbstinteressen auf zwischenmenschliche Beziehungen sind vielfältig. In einer Gruppe kann ein Individuum, das seine eigenen Interessen über die der Gemeinschaft stellt, als Verräter wahrgenommen werden. Solche Handlungen können das soziale Gefüge destabilisieren und zu Spannungen führen. Auf der anderen Seite kann ein gewisses Maß an Selbstinteresse auch konstruktiv sein, wenn es dazu führt, dass Individuen ihre eigenen Grenzen erkennen und für ihre eigenen Bedürfnisse einstehen. Der Schlüssel liegt darin, ein Gleichgewicht zwischen persönlichem Nutzen und sozialer Verantwortung zu finden.

Vertrauen ist ein weiteres essentielles Element, das durch die Psychologie der Selbstinteressen beeinflusst wird. Wenn Individuen erfahren, dass andere ihre eigenen Interessen über die gemeinsamen stellen, kann dies zu einem Verlust des Vertrauens führen. Diese Vertrauensbrüche sind oft schwer zu reparieren und können langfristige Folgen für zwischenmenschliche Beziehungen haben. In einer Gesellschaft, in der Vertrauen eine fundamentale Rolle spielt, können wiederholte Verratsakte das soziale Gefüge erheblich schädigen und zu einem allgemeinen Misstrauen führen.

Zusammenfassend lässt sich ableiten, dass die Psychologie der Selbstinteressen sowohl positive als auch negative Aspekte in unserem Verhalten und unseren Beziehungen zu anderen hat. Das Verständnis dieser Dynamik ist entscheidend, um die Komplexität von Verrat und Loyalität zu begreifen. Indem wir uns bewusst mit unseren eigenen Selbstinteressen auseinandersetzen, können wir lernen, wie wir diese in Einklang mit den Bedürfnissen anderer bringen können, um gesündere und vertrauensvollere Beziehungen zu fördern.

Psychologische Aspekte von Verrat in zwischenmenschlichen Beziehungen

Psychologische Grundlagen des Betrugs

Betrug ist ein komplexes Phänomen, das tief in der menschlichen Psyche verwurzelt ist. Die Motivation hinter betrügerischem Verhalten ist oft ein Zusammenspiel von persönlichen, sozialen und kulturellen Faktoren. In vielen Fällen entstehen betrügerische Handlungen aus einem inneren Konflikt zwischen Loyalität und individuellen Interessen. Menschen sehen sich häufig mit der Herausforderung konfrontiert, zwischen den Erwartungen ihrer sozialen Gruppen und ihren eigenen Bedürfnissen zu balancieren. Dies kann insbesondere in zwischenmenschlichen Beziehungen zu einem Verrat führen, der nicht nur das Vertrauen der Betroffenen erschüttert, sondern auch die eigene moralische Integrität gefährdet.

Gruppenzwang spielt eine entscheidende Rolle bei der Entstehung betrügerischen Verhaltens. In sozialen Kontexten, in denen konformes Verhalten stark gefordert wird, kann der Druck, sich anzupassen, dazu führen, dass Individuen gegen ihre eigenen moralischen Überzeugungen handeln. Diese Dynamik zeigt, wie leicht Menschen in die Verstrickungen von Verrat geraten können, insbesondere, wenn sie das Gefühl haben, dass ihre Zugehörigkeit zur Gruppe auf dem Spiel steht. Der Verlust des sozialen Ansehens oder die Angst vor Isolation können Menschen dazu treiben, Entscheidungen zu treffen, die sie unter anderen Umständen niemals in Betracht ziehen würden.

Ein weiterer zentraler Aspekt des Betrugs ist die Rolle von Schuld und Scham. Diese Emotionen sind tief in der menschlichen Psyche verankert und beeinflussen, wie Individuen ihre Handlungen bewerten und sich selbst wahrnehmen. Schuldgefühle können entstehen, wenn das Bewusstsein für verletzte moralische Standards aufkommt, während Scham oft mit einem Gefühl der Unzulänglichkeit und der Angst vor sozialer Ablehnung verbunden ist. Diese Gefühle können sowohl als Motivatoren für ehrliches Verhalten als auch als Auslöser für betrügerisches Handeln fungieren. In der Folge kann der Umgang mit diesen Emotionen entscheidend dafür sein, wie Menschen mit verräterischem Verhalten umgehen und ob sie in der Lage sind, sich zu rehabilitieren.

Trauma ist ein weiterer wichtiger Faktor, der in der Diskussion um Betrug nicht außer Acht gelassen werden darf. Erfahrungen von Trauer, Verlust oder Missbrauch können tiefgreifende Auswirkungen auf die psychologische Verfassung eines Individuums haben. Oftmals können traumatische Erlebnisse die Wahrnehmung von Beziehungen und Vertrauen erheblich verzerren. Menschen, die in ihrer Vergangenheit Verrat oder Enttäuschung erlebt haben, sind möglicherweise anfälliger für eigenes betrügerisches Verhalten, da sie sich in einem ständigen Zustand des Misstrauens und des Schutzes befinden. Das Verständnis dieser Zusammenhänge ist entscheidend, um zu erkennen, warum manche Individuen in bestimmten Kontexten zu Verrat neigen.

Jetzt lässt sich erkennen, dass die Psychologie des Betrugs ein vielschichtiges Feld ist, das eine Vielzahl von Faktoren umfasst. Von den inneren Konflikten zwischen Loyalität und Selbstinteresse über den Einfluss von Gruppenzwang bis hin zu den emotionalen Auswirkungen von Schuld, Scham und Trauma – all diese Elemente tragen dazu bei, das Verständnis für menschliches Verrat zu vertiefen. Die Frage der Vergebung und der Heilung nach einem Verrat ist ebenfalls ein bedeutendes Thema, das die Dynamik zwischen Täter und Opfer sowie die Möglichkeit der Wiederherstellung von Vertrauen in zwischenmenschlichen Beziehungen beleuchtet. In einer Welt, in der der Mensch oft als Verräter erscheint, ist es entscheidend, die psychologischen Grundlagen zu begreifen, um sowohl das eigene Verhalten als auch das Verhalten anderer besser zu verstehen.

Grundlagen der menschlichen Psyche

Die menschliche Psyche ist ein komplexes und vielschichtiges Gebilde, das aus verschiedenen Komponenten besteht, die miteinander interagieren. Zu den grundlegenden Elementen gehören das Bewusstsein, das Unterbewusstsein und die verschiedenen psychologischen Mechanismen, die unser Verhalten und unsere Entscheidungen steuern. Diese Elemente sind nicht isoliert, sondern beeinflussen sich gegenseitig, sodass die Psyche als ein dynamisches System betrachtet werden kann. Ein Verständnis dieser Grundlagen ist entscheidend, um die inneren Konflikte und die Ambivalenz zu erkennen, die oft mit dem "Judas"-Aspekt in uns selbst verbunden sind.

Die Rolle des Unterbewusstseins ist in der psychologischen Forschung von zentraler Bedeutung. Es enthält unsere tiefsten Überzeugungen, Ängste und Wünsche, die oft nicht direkt zugänglich sind, aber dennoch unser Verhalten prägen. Wenn wir über den inneren Verräter nachdenken, ist es wichtig zu erkennen, dass viele unserer sabotierenden Gedanken und Handlungen aus diesem verborgenen Teil der Psyche stammen. Der innere Judas kann als eine Manifestation von unverarbeiteten Emotionen und unerfüllten Bedürfnissen gesehen werden, die sich in unserem Handeln äußern, oft ohne unser bewusstes Wissen.

Ein weiterer wichtiger Aspekt der menschlichen Psyche ist die Rolle von Emotionen. Emotionen sind nicht nur Reaktionen auf äußere Reize, sondern sie beeinflussen auch unsere Entscheidungsprozesse und unser Selbstverständnis. Oft sind es die negativen Emotionen wie Schuld, Scham oder Angst, die den inneren Verräter aktivieren. Diese Gefühle können zu einem selbstzerstörerischen Verhalten führen, wenn sie nicht erkannt und verarbeitet werden. Der Weg zur Selbstakzeptanz und zur Überwindung des inneren Judases beginnt daher mit der Auseinandersetzung mit unseren Emotionen und der Bereitschaft, uns diesen zu stellen.

Die sozialen und kulturellen Einflüsse sind ebenfalls entscheidend für das Verständnis der menschlichen Psyche. Die Gesellschaft, in der wir leben, prägt unsere Werte, Überzeugungen und das, was wir als akzeptable Verhaltensweisen betrachten. Oft führt der Druck von außen dazu, dass wir uns selbst verleugnen oder die Erwartungen anderer über unsere eigenen Wünsche stellen. Der innere

Verräter kann als Reaktion auf diesen sozialen Druck agieren, indem er uns dazu verleitet, Kompromisse einzugehen oder uns von unserem authentischen Selbst zu entfernen. Das Bewusstsein über diese sozialen Dynamiken ist notwendig, um die Mechanismen des inneren Verräters zu entschlüsseln.

Schließlich ist die Entwicklung einer gesunden Selbstreflexion unerlässlich, um die Grundlagen der menschlichen Psyche zu verstehen. Selbstreflexion ermöglicht es uns, unsere Gedanken und Gefühle zu beobachten und zu analysieren, ohne uns von ihnen überwältigen zu lassen. Durch diese Praxis können wir die Muster erkennen, die zu unserem inneren Verräter führen, und uns aktiv dafür entscheiden, neue, konstruktive Wege zu finden, um mit unseren Ängsten und Unsicherheiten umzugehen. Indem wir uns mit den Grundlagen unserer Psyche auseinandersetzen, können wir den inneren Judas nicht nur verstehen, sondern auch transformieren und heilen.

Definition von Verrat und Loyalität

Verrat und Loyalität sind zwei zentrale Konzepte, die in zwischenmenschlichen Beziehungen eine entscheidende Rolle spielen. Verrat wird oft als der Bruch eines Vertrauens oder als das Handeln gegen die eigenen Überzeugungen und loyalen Bindungen definiert. Es kann in verschiedenen

Formen auftreten, sei es durch das Preisgeben von Geheimnissen, das Brechen von Versprechen oder das Handeln im eigenen Interesse auf Kosten anderer. Loyalität hingegen wird als Treue oder Hingabe zu einer Person, Gruppe oder Idee beschrieben. Sie bedeutet, die Interessen und das Wohl der anderen über die eigenen zu stellen und sich für diese einzusetzen, selbst in schwierigen Zeiten.

Die psychologischen Aspekte von Verrat und Loyalität sind vielschichtig und komplex. Menschen neigen dazu, Loyalität als eine Tugend zu betrachten, die in sozialen und kulturellen Kontexten hochgeschätzt wird. Gleichzeitig kann Verrat das Gefühl von Sicherheit und Zugehörigkeit in einer Beziehung stark beeinträchtigen. Psychologische Studien zeigen, dass Verrat nicht nur das Vertrauen zwischen Individuen zerschlägt, sondern auch die Selbstwahrnehmung und das Selbstwertgefühl der Betroffenen negativ beeinflussen kann. Die Angst vor Verrat kann zudem dazu führen, dass Menschen defensive Strategien entwickeln, die die Beziehungen belasten.

Ein entscheidender Faktor in der Dynamik von Verrat und Loyalität ist das Vertrauen. Vertrauen bildet das Fundament jeder Beziehung und wird oft als eine Art sozialer Vertrag betrachtet. Wenn dieses Vertrauen gebrochen wird, kann dies zu einem tiefen Gefühl von Enttäuschung und Verletzung führen. Die Auswirkungen eines solchen Verrats können weitreichend sein und sich sowohl auf das Individuum als auch auf die gesamte Gemeinschaft auswirken. Menschen, die Verrat erfahren haben, neigen dazu, Schwierigkeiten zu haben, Vertrauen wiederaufzubauen, was zu einem Teufelskreis von Misstrauen und Isolation führen kann.

Die Frage, warum jeder einen "Judas" in sich trägt, führt uns zu den inneren Konflikten, die Loyalität und Verrat miteinander verbinden. Oft stehen Individuen vor der Herausforderung, zwischen den eigenen Bedürfnissen und den Erwartungen anderer zu balancieren. Diese innere Zerrissenheit kann dazu führen, dass Menschen in bestimmten Situationen loyal erscheinen, während sie gleichzeitig innere Zweifel und ambivalente Gefühle hegen. Solche Konflikte sind menschlich und spiegeln die Komplexität der menschlichen Natur wider, in der das Streben nach Zugehörigkeit und die Suche nach individueller Freiheit in einem ständigen Spannungsverhältnis stehen.

Insgesamt ist das Verständnis von Verrat und Loyalität entscheidend für die Analyse zwischenmenschlicher Beziehungen. Die psychologischen Dimensionen dieser Konzepte beeinflussen nicht nur persönliche Bindungen, sondern auch gesellschaftliche Strukturen und Normen. Indem wir die Mechanismen hinter Verrat und Loyalität erkennen, können wir nicht nur unsere eigenen Beziehungen besser verstehen, sondern auch die Dynamik in Gemeinschaften und Gesellschaften als Ganzes.

Vertrauen und seine Fragilität

Vertrauen ist eine fundamentale Grundlage zwischenmenschlicher Beziehungen. Es ermöglicht uns, uns auf andere zu verlassen, unsere Emotionen zu teilen und in Gemeinschaften zu leben. Doch die Fragilität des Vertrauens zeigt sich in verschiedenen Facetten. Ein einmal gebrochenes Vertrauen kann schwer wiederhergestellt werden und hinterlässt oft tiefe emotionale Wunden. Die psychologische Analyse zeigt, dass Vertrauen nicht nur von der Zuverlässigkeit des anderen abhängt, sondern auch von unseren eigenen Erfahrungen, Erwartungen und der sozialen Umgebung, in der wir uns bewegen.

Die Auswirkungen von Enttäuschung auf das Vertrauen sind tiefgreifend. Wenn wir betrogen oder enttäuscht werden, verändert sich unser Blick auf die Welt und die Menschen um uns herum. Diese Enttäuschungen können zu einem inneren Konflikt führen, der Loyalität und persönliche Interessen gegeneinander abwägt. Oftmals müssen wir uns entscheiden, ob wir an Beziehungen festhalten wollen, die uns potenziell verletzen können, oder ob wir uns zurückziehen und unser Vertrauen in andere gefährden. Diese Entscheidungen sind häufig von Schuld und Scham begleitet, was den Prozess weiter verkompliziert.

Gruppenzwang spielt ebenfalls eine entscheidende Rolle bei moralischen Entscheidungen, die das Vertrauen beeinflussen.

In sozialen Gruppen kann der Druck, sich anzupassen, dazu führen, dass Individuen gegen ihre eigenen ethischen Überzeugungen handeln. Dies kann nicht nur das Vertrauen innerhalb der Gruppe untergraben, sondern auch das individuelle Selbstbild in Frage stellen. Die Schwierigkeit, sich gegen den Gruppenzwang zu behaupten, kann dazu führen, dass wir uns in einem ständigen Konflikt zwischen Gruppenzugehörigkeit und persönlicher Integrität wiederfinden.

Trauma ist ein weiterer wichtiger Faktor, der die Fragilität des Vertrauens beeinflusst. Menschen, die in der Vergangenheit Verrat oder schwere Enttäuschungen erlebt haben, neigen dazu, Schwierigkeiten zu haben, neue Beziehungen einzugehen oder Vertrauen in andere zu fassen. Diese traumatischen Erfahrungen können das Verhalten und die Entscheidungen eines Individuums stark prägen und eine Kettenreaktion von Misstrauen und Angst auslösen. In solchen Fällen kann die Frage aufkommen, ob Verrat geheilt werden kann oder ob die Narben der Vergangenheit für immer bestehen bleiben.

Letztlich ist die Psychologie der Vergebung entscheidend für den Umgang mit Verrat und der Wiederherstellung von Vertrauen. Vergebung kann ein langer und herausfordernder Prozess sein, der sowohl für den Verräter als auch für das Opfer von Bedeutung ist. Es erfordert oft eine tiefgehende Auseinandersetzung mit den eigenen Emotionen und eine

Bereitschaft, die Vergangenheit loszulassen. Die Fähigkeit, zu vergeben, kann nicht nur helfen, verlorenes Vertrauen wiederaufzubauen, sondern auch zu einem besseren Verständnis der menschlichen Natur und der Komplexität von Beziehungen führen. In einer Welt, in der Verrat allgegenwärtig ist, bleibt die Frage, ob wir in der Lage sind, die Fragilität des Vertrauens zu überwinden und neue Bindungen einzugehen.

Verrat als psychologisches Phänomen

Verrat ist ein komplexes psychologisches Phänomen, das tief in der menschlichen Natur verwurzelt ist. Er manifestiert sich nicht nur in zwischenmenschlichen Beziehungen, sondern auch innerhalb der eigenen Psyche. Der innere Verräter, eine Metapher für die inneren Konflikte und Ambivalenzen, die wir alle in uns tragen, kann als eine Art innerer Stimme verstanden werden, die uns dazu verleitet, unsere Werte und Loyalitäten in Frage zu stellen. Diese innere Stimme kann aus verschiedenen Quellen stammen, darunter vergangene Erfahrungen, innere Ängste oder soziale Einflüsse, die unser Verhalten und unsere Entscheidungen beeinflussen.

Ein zentraler Aspekt des Verrats als psychologisches Phänomen ist die Motivation, die hinter dem Verrat steht. Häufig sind es tief verwurzelte Ängste, Unsicherheiten oder das Streben nach Macht und Kontrolle, die Individuen dazu bringen, andere zu verraten. Diese Motivationen können sowohl bewusst als auch unbewusst sein. Oft handelt es sich um einen verzweifelten Versuch, persönliche Interessen zu schützen oder zu fördern, selbst wenn dies auf Kosten von Beziehungen zu anderen geschieht. Die Analyse dieser Motivationen ist entscheidend, um zu verstehen, warum wir manchmal gegen unsere eigenen Werte handeln und wie der innere Verräter in uns aktiv wird.

Ein weiterer wichtiger Aspekt ist die Rolle der Identität im Kontext des Verrats. Menschen definieren sich oft durch ihre Beziehungen zu anderen und ihre sozialen Bindungen. Wenn diese Bindungen bedroht oder in Frage gestellt werden, kann dies zu einem inneren Konflikt führen, der den inneren Verräter entfesselt. Der Drang, sich selbst zu schützen oder weiterzuentwickeln, kann dazu führen, dass wir uns von denjenigen distanzieren, die uns einst nahestanden. Diese Dynamik unterstreicht die Fragilität menschlicher Beziehungen und die Komplexität der menschlichen Psyche.

Verrat hat auch eine starke soziale Dimension. In vielen Kulturen wird Verrat als eines der schlimmsten Vergehen angesehen, was zu einem tiefen Stigma führen kann. Dieses Stigma kann die Art und Weise beeinflussen, wie Individuen sich selbst und andere wahrnehmen. Die Angst vor dem Urteil anderer kann dazu führen, dass Menschen ihren eigenen inneren Verräter nicht anerkennen oder die zugrunde liegenden Probleme nicht angehen. Infolgedessen bleibt der innere Konflikt ungelöst und kann zu weiterem emotionalem und psychologischem Leiden führen.

Schließlich ist es wichtig, die Möglichkeiten zur Heilung und zur Integration des inneren Verräters zu betrachten. Indem wir uns unseren inneren Konflikten stellen und die zugrunde liegenden Motivationen und Ängste erkennen, können wir beginnen, gesündere und authentischere Beziehungen zu uns selbst und anderen aufzubauen. Der Prozess der Selbstreflexion und des Verzeihens, sowohl von uns selbst als auch von anderen, ermöglicht es uns, die Schattenseiten unserer Psyche zu akzeptieren und zu transformieren. So wird der innere Verräter nicht länger als Bedrohung wahrgenommen, sondern als Teil eines umfassenden Prozesses der Selbstentdeckung und des Wachstums.

Die Dynamik zwischen Loyalität und Verrat

Die Dynamik zwischen Loyalität und Verrat ist ein zentrales Thema in der menschlichen Psychologie und beeinflusst maßgeblich zwischenmenschliche Beziehungen. Loyalität wird oft als Tugend betrachtet, die Vertrauen, Stabilität und Zusammenhalt in Gemeinschaften fördert. Sie schafft ein Gefühl von Zugehörigkeit und Sicherheit. Doch diese Loyalität kann auch zu einem Dilemma führen, wenn persönliche Interessen oder moralische Überzeugungen in Konflikt mit den Erwartungen der Gruppe oder der Gemeinschaft stehen. In solchen Momenten wird die Frage aufgeworfen, ob man treu bleiben oder den eigenen Überzeugungen folgen soll, was zu inneren Konflikten führen kann.

Verrat hingegen wird häufig als eine der schwerwiegendsten Formen des sozialen Fehlverhaltens angesehen. Er bricht nicht nur das Vertrauen zwischen Individuen, sondern kann auch ganze Gruppen destabilisieren. Der Verräter wird oft mit Scham und Schuld konfrontiert, sowohl von außen als auch innerlich. Diese Gefühle können die psychologische Gesundheit des Verräters beeinträchtigen und eine Kette von negativen Auswirkungen in den sozialen Beziehungen auslösen. Der Konflikt zwischen Loyalität und Verrat wird somit nicht nur auf individueller Ebene, sondern auch auf gesellschaftlicher Ebene wirksam, wenn Loyalität gegenüber einer Gruppe oder Ideologie zu moralisch fragwürdigen Entscheidungen führt.

Gruppenzwang spielt eine entscheidende Rolle in der Dynamik zwischen Loyalität und Verrat. In vielen Fällen führt der Druck, den Erwartungen einer Gruppe gerecht zu werden, dazu, dass Individuen gegen ihre Überzeugungen handeln. Diese Dynamik kann zu einem Gefühl der Entfremdung führen, wenn man erkennt, dass die eigenen Werte nicht mit denen der Gruppe übereinstimmen. Der innere Konflikt zwischen dem Wunsch, loyal zu sein, und dem Bedürfnis, authentisch zu bleiben, ist oft mit Angst und Unsicherheit verbunden. Diese emotionalen Zustände können das Verhalten des Einzelnen beeinflussen und zu Entscheidungen führen, die sowohl für ihn selbst als auch für andere schädlich sein können.

Trauma und seine Verbindung zu verräterischem Verhalten sind ebenfalls bedeutende Aspekte dieser Dynamik. In vielen Fällen kann eine traumatische Erfahrung dazu führen, dass Menschen ihr Vertrauen in andere verlieren und sich von sozialen Bindungen zurückziehen. Diese Verletzlichkeit kann dazu führen, dass Individuen in bestimmten Situationen verräterisch handeln, sei es aus Selbstschutz oder aus dem Bedürfnis heraus, sich in einer als bedrohlich empfundenen Umgebung zu behaupten. Die Psychologie des Verrats ist somit eng verbunden mit den individuellen Erfahrungen von Schmerz und Verlust, die das Verhalten und die Entscheidungen eines Menschen nachhaltig prägen können.

Letztlich stellt sich die Frage, ob Verrat geheilt werden kann und welche Rolle Vergebung dabei spielt. Die Psychologie der Vergebung bietet Ansätze, um die Wunden, die durch Verrat entstehen, zu heilen. Der Prozess der Vergebung kann sowohl für den Verräter als auch für das Opfer transformative Auswirkungen haben. Es kann eine Möglichkeit bieten, den inneren Konflikt zwischen Loyalität und Verrat zu lösen und zu einem tieferen Verständnis für

die menschliche Natur zu gelangen. Diese Auseinandersetzung ist nicht nur eine individuelle Reise, sondern auch
eine kollektive Herausforderung, die uns alle betrifft und uns
dazu anregt, die komplexen Beziehungen zwischen Loyalität,
Verrat und Vergebung zu reflektieren.

Emotionale Folgen des Verrats

Verrat hinterlässt tiefgreifende emotionale Narben, die sich
sowohl individuell als auch in zwischenmenschlichen
Beziehungen manifestieren. Die Betroffenen erleben oft ein
Spektrum intensiver Emotionen, darunter Trauer, Wut und
Enttäuschung. Diese Gefühle sind nicht nur unmittelbare
Reaktionen auf den Verrat, sondern können sich über längere
Zeiträume hinweg verfestigen und chronische psychische
Belastungen hervorrufen. Die emotionale Trauer um
verlorenes Vertrauen und die Enttäuschung über die
Loyalität eines vermeintlichen Freundes oder Partners
können zu einer tiefen inneren Zerrissenheit führen, die die
individuelle Psyche nachhaltig beeinflusst.

Eine der häufigsten emotionalen Reaktionen auf Verrat ist
das Gefühl der Traurigkeit. Diese Traurigkeit kann das
Ergebnis eines tiefen Verlustes sein, nicht nur des Vertrauens,
sondern auch der gemeinsamen Erlebnisse und der
emotionalen Bindung. Menschen, die verraten werden,

fühlen sich oft isoliert und missverstanden, was zu einer verstärkten Traurigkeit führen kann. Diese Emotion kann langanhaltend sein und sich in verschiedenen Lebensbereichen negativ auswirken, insbesondere wenn die betroffene Person Schwierigkeiten hat, die Beziehung zu verarbeiten und zu akzeptieren.

Ein in zentrales Element der emotionalen Folgen ist das Gefühl der Schuld. Der Verräter selbst kann sich mit Schuld und Scham auseinandersetzen, die aus der Erkenntnis resultieren, dass sein Handeln nicht nur andere verletzt hat, sondern auch seine eigenen moralischen Werte untergräbt. Diese innere Konfliktsituation zwischen Loyalität und persönlichen Interessen wird häufig von einem ständigen Kampf um Selbstrechtfertigung begleitet. Die Frage, ob der Verrat notwendig war oder ob alternative Handlungen möglich gewesen wären, führt zu einem emotionalen Kreislauf, der die psychische Stabilität bedrohen kann.

Die Enttäuschung, die aus dem Verrat resultiert, hat auch einen signifikanten Einfluss auf das Vertrauen in andere Menschen. Oft zieht sich eine betroffene Person nach einem Verrat zurück und entwickelt eine skeptische Haltung gegenüber zwischenmenschlichen Beziehungen. Dieses Misstrauen kann zur Isolation führen und die Fähigkeit beeinträchtigen, neue Bindungen einzugehen oder bestehende Beziehungen zu pflegen. In einem sozialen Kontext, in dem Vertrauen die Grundlage für

Zusammenarbeit und Nähe bildet, kann der Verlust dieses Vertrauens schwerwiegende soziale und emotionale Folgen haben, die weit über den ursprünglichen Akt des Verrats hinausgehen.

Zusätzlich kann das Trauma, das durch Verrat entsteht, nicht nur die individuelle emotionale Gesundheit beeinträchtigen, sondern auch die Dynamik innerhalb von Gruppen beeinflussen. Gruppenzwang und das Bedürfnis nach sozialer Akzeptanz können dazu führen, dass Menschen Entscheidungen treffen, die gegen ihre eigenen Werte verstoßen. Diese kollektiven Erfahrungen des Verrats innerhalb einer Gruppe können die emotionale und soziale Kohäsion weiter destabilisieren und ein Klima des Misstrauens und der Unsicherheit schaffen. In solchen Kontexten wird der Verrat nicht nur als individueller Akt betrachtet, sondern als ein Phänomen, das tiefgreifende gesellschaftliche Implikationen hat.

Wut ist eine weitere zentrale emotionale Reaktion auf Verrat. Sie kann sich sowohl gegen den Verräter als auch gegen sich selbst richten. Oft empfinden Menschen Wut, weil sie sich ausgenutzt oder betrogen fühlen. Diese Wut kann zu impulsiven Handlungen führen, die den Konflikt weiter verschärfen. Die Herausforderung besteht darin, diese Emotionen zu kanalisieren und konstruktiv zu verarbeiten, anstatt sie in destruktive Verhaltensweisen umzuwandeln. Wut kann auch als eine Art Schutzmechanismus fungieren, der es ermöglicht, den Schmerz des Verrats vorübergehend zu verdrängen.

Die emotionale Reaktion auf Verrat kann auch zu einem tiefen Gefühl der Verzweiflung führen. Wenn das Vertrauen in eine enge Beziehung gebrochen wird, kann dies das Selbstwertgefühl erheblich beeinträchtigen. Menschen fragen sich oft, ob sie an dem Verrat schuld sind oder ob sie in Zukunft noch in der Lage sind, anderen zu vertrauen. Diese Verzweiflung kann zu einem Rückzug von sozialen Kontakten führen und das Gefühl der Einsamkeit verstärken. Es ist wichtig, die eigene emotionale Verfassung zu erkennen und zu verstehen, um eine gesunde Bewältigung zu ermöglichen.

Schließlich kann der Verrat auch tiefgreifende langfristige Auswirkungen auf zwischenmenschliche Beziehungen haben. Menschen, die Verrat erfahren haben, neigen dazu, defensiver zu werden und Schwierigkeiten zu haben, neue Beziehungen einzugehen oder bestehende Beziehungen aufrechtzuerhalten. Das ständige Misstrauen kann zu einem Kreislauf führen, in dem neue Beziehungen aufgrund alter Verletzungen scheitern. Um diesen Kreislauf zu durchbrechen, ist es entscheidend, die emotionalen Reaktionen auf Verrat zu reflektieren und gegebenenfalls professionelle Hilfe in Anspruch zu nehmen, um die eigenen Ängste und Verletzungen zu verarbeiten und zu heilen.

Schließlich stellt sich die Frage nach der Vergebung und der Möglichkeit, die emotionalen Wunden des Verrats zu heilen. Die Psychologie der Vergebung ist komplex und erfordert oft einen tiefen Prozess der Reflexion und Auseinandersetzung mit den erlittenen Verletzungen. Die Fähigkeit, anderen zu vergeben, kann eine entscheidende Rolle bei der Überwindung der emotionalen Folgen des Verrats spielen, sowohl für den Verräter als auch für das Opfer. Diese Heilung kann jedoch nur stattfinden, wenn die zugrunde liegenden emotionalen Konflikte und die damit verbundenen Gefühle von Schuld, Scham und Enttäuschung anerkannt und verarbeitet werden.

Der innere Konflikt

Identität und Selbstbild

Identität und Selbstbild sind zentrale Konzepte in der Psychologie, die eng miteinander verknüpft sind. Die Identität beschreibt, wie wir uns selbst wahrnehmen und welche Merkmale wir als zentral für unser Wesen erachten. Das Selbstbild hingegen bezieht sich auf die Vorstellung, die wir von uns selbst haben, einschließlich unserer Stärken, Schwächen und der Werte, die wir vertreten. Diese beiden Aspekte beeinflussen nicht nur unser Verhalten, sondern auch unsere Beziehungen zu anderen Menschen. In der psychologischen Betrachtung des „inneren Verräters" wird deutlich, dass ein konfliktbeladenes Selbstbild die Neigung erhöhen kann, sich selbst zu verraten oder in zwischenmenschlichen Beziehungen nicht authentisch zu handeln.

Ein stark ausgeprägtes Identitätsgefühl kann als Schutzmechanismus wirken, um uns vor dem inneren Verräter zu bewahren. Wenn wir uns unserer Werte und Überzeugungen bewusst sind, fällt es uns leichter, Entscheidungen zu treffen, die im Einklang mit unserem Selbstbild stehen. Umgekehrt kann ein schwaches oder unklar definiertes Selbstbild dazu führen, dass wir uns von äußeren Einflüssen leiten lassen, was zu inneren Konflikten und letztlich zu einem Gefühl des Verrats an uns selbst führen kann. Diese Dynamik ist besonders relevant in Zeiten von Stress oder Unsicherheit, wenn der innere Kritiker lauter wird und Zweifel an der eigenen Identität schürt.

Die Entstehung des Selbstbildes ist ein komplexer Prozess, der durch verschiedene Faktoren beeinflusst wird, darunter familiäre Prägungen, soziale Interaktionen und persönliche Erfahrungen. Oft spielen gesellschaftliche Erwartungen eine entscheidende Rolle, die uns dazu bringen, uns auf eine bestimmte Art und Weise zu verhalten oder zu fühlen, um akzeptiert zu werden. Dies kann zu einem inneren Dilemma führen, wenn wir uns gezwungen fühlen, Facetten unserer Identität zu unterdrücken, um den Erwartungen anderer gerecht zu werden. In solchen Fällen kann der innere Verräter entstehen, der uns zu schädlichen Entscheidungen verleitet, die im Widerspruch zu unserem wahren Selbst stehen.

Um das Selbstbild zu stärken und eine gesunde Identität zu entwickeln, ist es wichtig, sich mit den eigenen Werten und Überzeugungen auseinanderzusetzen. Dies erfordert oft eine tiefgehende Reflexion und das Mut, sich den eigenen Schwächen zu stellen. Selbstakzeptanz spielt eine Schlüsselrolle in diesem Prozess. Indem wir lernen, uns selbst mit all unseren Unvollkommenheiten zu akzeptieren, können wir den inneren Kritiker zähmen und die Stimme des inneren Verräters minimieren. Die Entwicklung eines stabilen Selbstbildes ermöglicht es uns, authentisch zu leben und Entscheidungen zu treffen, die mit unseren wahren Wünschen und Zielen in Einklang stehen.

Schließlich ist es von entscheidender Bedeutung, unsere Identität und unser Selbstbild kontinuierlich zu hinterfragen und zu reflektieren. Lebensveränderungen, neue Erfahrungen und persönliche Entwicklungen können unsere Wahrnehmung von uns selbst beeinflussen. Die Fähigkeit zur Selbstreflexion hilft uns, flexibel zu bleiben und uns an neue Lebensumstände anzupassen, ohne den Kontakt zu unserem wahren Selbst zu verlieren. Indem wir aktiv an unserem Selbstbild arbeiten, können wir den inneren Verräter entlarven und ihm die Macht entziehen, unser Leben zu bestimmen. So fördern wir nicht nur unser eigenes

Wohlbefinden, sondern auch gesunde und authentische Beziehungen zu anderen.

Die Stimme des inneren Verräters

Die Stimme des inneren Verräters ist ein Phänomen, das in der Psychologie als innerer Konflikt bezeichnet wird. Dieser innere Verräter ist oft eine Stimme, die uns dazu bringt, an uns selbst zu zweifeln und unsere Entscheidungen in Frage zu stellen. Er kann sich in verschiedenen Formen äußern, sei es durch kritische Gedanken über unsere Fähigkeiten, durch das Streben nach Perfektion oder durch die Angst vor dem Scheitern. Diese Stimme ist nicht einfach ein negativer Gedanke, sondern ein komplexes Zusammenspiel von Erfahrungen, Glaubenssätzen und emotionalen Reaktionen, die unser Verhalten beeinflussen.

Ein zentraler Aspekt dieser inneren Stimme ist, dass sie oft aus früheren Erfahrungen und erlernten Verhaltensmustern resultiert. Menschen, die in ihrer Kindheit negative Rückmeldungen oder übermäßige Kritik erfahren haben, neigen dazu, diese Muster im Erwachsenenleben zu reproduzieren. Diese Stimme kann sich als eine Art Selbstschutz manifestieren, indem sie uns vor möglichen Misserfolgen warnen möchte. Doch anstatt uns zu schützen, hindert sie uns häufig daran, unser volles Potenzial auszuschöpfen und neue Herausforderungen anzunehmen.

Die Stimme des inneren Verräters kann auch in sozialen Kontexten verstärkt auftreten. In Zeiten von Gruppenzwang oder gesellschaftlichem Druck fühlen sich viele Menschen gezwungen, sich an die Erwartungen anderer anzupassen. Dieser Druck kann die innere Stimme verstärken, die uns sagt, dass wir nicht gut genug sind oder dass wir versagen werden, wenn wir nicht den Erwartungen entsprechen. In solchen Momenten ist es entscheidend, diese Stimme zu erkennen und zu hinterfragen, um zu einer authentischen Selbstwahrnehmung zurückzukehren.

Um mit dieser inneren Stimme umzugehen, ist es wichtig, Techniken der Selbstreflexion und Achtsamkeit zu entwickeln. Indem wir unsere Gedanken beobachten und hinterfragen, können wir die negativen Glaubenssätze entlarven, die uns zurückhalten. Journaling oder Gespräche mit vertrauten Personen können helfen, die innere Stimme zu entmachten und Raum für eine konstruktive Selbstansprache zu schaffen. Es ist ein Prozess, der Zeit und Geduld erfordert, aber mit der richtigen Herangehensweise kann der innere Verräter in einen inneren Verbündeten verwandelt werden.

Zusammenfassend lässt sich bemerken, dass die Stimme des inneren Verräters eine bedeutende Rolle in unserem psychologischen Wohlbefinden spielt. Sie kann sowohl hinderlich als auch hilfreich sein, je nachdem, wie wir mit ihr umgehen. Indem wir uns dieser Stimme bewusst werden und lernen, sie zu hinterfragen, können wir die Kontrolle über unser Denken zurückgewinnen und ein erfüllteres Leben führen. Die Auseinandersetzung mit dem inneren Verräter bietet die Möglichkeit, die eigene Identität zu stärken und die Beziehung zu uns selbst zu verbessern.

Der Einfluss von Gruppenzwang auf moralische Entscheidungen

Gruppendruck und individuelle Entscheidungsfindung

Gruppendruck spielt eine zentrale Rolle bei der individuellen Entscheidungsfindung und kann tiefgreifende Auswirkungen auf das Verhalten von Menschen haben. In sozialen Interaktionen stehen Individuen häufig unter dem Einfluss ihrer Gruppe, sei es durch Freunde, Kollegen oder Familienmitglieder. Dieser Druck kann sie dazu bringen, Entscheidungen zu treffen, die nicht mit ihren persönlichen Werten oder Überzeugungen übereinstimmen. Die Psychologie zeigt, dass Menschen oft bereit sind, ihre eigenen moralischen Standards zu opfern, um der Gruppe zu gefallen oder Konflikte zu vermeiden. Dies wirft Fragen auf, inwieweit der Mensch in der Lage ist, unabhängig zu entscheiden, wenn er sich in einem Gruppenkontext befindet.

Die Dynamik innerhalb einer Gruppe kann auch dazu führen, dass Individuen ihre Loyalität gegenüber der Gruppe über persönliche Interessen stellen. Diese Loyalität kann sowohl positive als auch negative Konsequenzen haben. In Situationen, in denen die Gruppe ethisch fragwürdige Entscheidungen trifft, stehen Mitglieder vor einem inneren Konflikt. Sie müssen abwägen, ob sie ihren eigenen Überzeugungen treu bleiben oder sich dem Gruppenzwang beugen. Diese Entscheidung kann nicht nur das individuelle Verhalten, sondern auch die gesamte Gruppendynamik beeinflussen.

Ein weiterer wichtiger Aspekt ist die Rolle von Schuld und Scham in der menschlichen Psyche. Wenn jemand dem Gruppenzwang nachgibt und dadurch gegen seine eigenen Werte handelt, kann dies zu einem intensiven Gefühl der Schuld führen. Diese Emotion kann sich negativ auf das Selbstwertgefühl auswirken und das Vertrauen in die eigene Urteilskraft untergraben. Gleichzeitig kann Scham, die oft mit dem Gefühl verbunden ist, von anderen beurteilt oder abgelehnt zu werden, den Druck verstärken, sich konform zu verhalten. So entsteht ein Teufelskreis, der den Einzelnen weiter in die Abhängigkeit von der Gruppe treiben kann.

Die Auswirkungen von Enttäuschung auf das Vertrauen in andere sind ebenfalls von großer Bedeutung. Wenn Individuen erleben, dass ihre Gruppe sie in moralisch fragwürdige Situationen bringt oder sie hintergeht, kann dies zu einem tiefen Bruch im Vertrauen führen. Diese Enttäuschung kann nicht nur die Beziehung zur Gruppe, sondern auch zu anderen sozialen Bindungen nachhaltig beeinträchtigen. Das Gefühl, verraten worden zu sein, kann die Bereitschaft verringern, in Zukunft Vertrauen zu schenken, und somit die zwischenmenschlichen Beziehungen belasten.

Gruppendruck und individuelle Entscheidungsfindung stellen somit ein komplexes Zusammenspiel dar, das tief in der menschlichen Psyche ansässig ist. Die Herausforderung besteht darin, ein Gleichgewicht zwischen der Zugehörigkeit zur Gruppe und der Treue zu den eigenen Werten zu finden. Die Erkenntnis, dass jeder Mensch in bestimmten Situationen dem Druck nachgeben kann, sollte nicht nur zu einem besseren Verständnis von Verrat führen, sondern auch zu einem respektvollen Umgang mit den inneren Konflikten, die solch eine Entscheidungsfindung begleiten.

Soziale Identität und Verrat

Soziale Identität spielt eine entscheidende Rolle in der Art und Weise, wie Individuen ihre Zugehörigkeit zu Gruppen definieren und wie sie sich in sozialen Interaktionen verhalten. Diese Identität wird oft durch die Werte, Normen und Erwartungen der Gruppe geprägt, was dazu führen kann, dass Mitglieder sich unter Druck gesetzt fühlen, den Gruppennormen zu entsprechen. Wenn jedoch persönliche Überzeugungen oder ethische Grundsätze im Widerspruch zu den Erwartungen der Gruppe stehen, kann dies zu einem inneren Konflikt führen, der die Loyalität zu der Gruppe und die eigene Integrität in Frage stellt. Dieser Konflikt ist besonders ausgeprägt in Situationen, in denen Verrat an einer Person oder Gruppe als notwendig erachtet wird, um die eigene soziale Identität zu schützen oder zu bewahren.

Verrat wird häufig als eine der schwerwiegendsten Formen der Enttäuschung in zwischenmenschlichen Beziehungen angesehen. Wenn das Vertrauen zwischen Individuen gebrochen wird, kann dies nicht nur die Beziehung zwischen den Betroffenen belasten, sondern auch das Vertrauen in andere Menschen und Gruppen insgesamt beeinträchtigen. Dies geschieht oft, weil der Verrat dazu führt, dass die betroffenen Personen ihre sozialen Identitäten überdenken und sich fragen, ob sie sich auf die Werte und Überzeugungen ihrer Gruppe verlassen können. In diesem

Kontext wird die Rolle von Schuld und Scham besonders relevant, da Individuen, die sich schuldig fühlen, oft versuchen, ihre Taten zu rationalisieren oder in einem anderen Licht darzustellen, um den Schmerz der Enttäuschung zu lindern.

Gruppenzwang ist ein weiterer entscheidender Faktor, der das Verhalten von Individuen in sozialen Kontexten beeinflusst. Menschen können dazu gedrängt werden, Entscheidungen zu treffen, die im Widerspruch zu ihren eigenen moralischen Überzeugungen stehen, aus Angst, von ihrer Gruppe ausgeschlossen oder verurteilt zu werden. Diese Dynamik kann dazu führen, dass Individuen Verrat begehen, um das Gefühl der Zugehörigkeit zu bewahren oder um den Erwartungen der Gruppe gerecht zu werden. In solchen Situationen wird der innere Konflikt zwischen Loyalität und persönlichen Interessen besonders deutlich, da die Betroffenen oft gezwungen sind, sich für das Wohl der Gruppe oder ihre eigenen moralischen Grundsätze zu entscheiden.

Die Verbindung zwischen Trauma und verräterischem Verhalten ist komplex und vielschichtig. Individuen, die in der Vergangenheit traumatische Erfahrungen gemacht haben, können dazu neigen, in bestimmten sozialen Kontexten defensiv oder misstrauisch zu reagieren. Diese Verhaltensweisen können in einigen Fällen zu einem Verrat an anderen führen, insbesondere wenn die betroffene Person das Gefühl hat, dass ihre eigene Sicherheit oder ihr Wohlbefinden auf dem Spiel steht. Der Verrat kann in diesen Fällen als eine Art Selbstschutzmechanismus wahrgenommen werden, der aus einem tief verwurzelten Bedürfnis nach Kontrolle und Sicherheit resultiert.

Letztendlich stellt sich die Frage, ob und wie Verrat geheilt werden kann. Die Psychologie der Vergebung bietet hier interessante Einblicke, da die Fähigkeit, anderen zu vergeben, oft eng mit dem eigenen emotionalen und psychologischen Wohlbefinden verknüpft ist. Wenn Individuen in der Lage sind, den Verrat zu verarbeiten und zu verstehen, kann dies zu einer Wiederherstellung des Vertrauens und einer Stärkung ihrer sozialen Identität führen. In diesem Prozess spielt die Reflexion über eigene Werte und die Bereitschaft zur Selbstkritik eine zentrale Rolle, um die Dynamik von Verrat und Loyalität besser zu verstehen und letztlich zu einer gesünderen zwischenmenschlichen Beziehung zu gelangen.

Fallstudien zu Gruppenzwang

Gruppenzwang ist ein Phänomen, das in verschiedenen sozialen Kontexten auftritt und tiefgreifende Auswirkungen auf das individuelle Verhalten haben kann. Eine bemerkenswerte Fallstudie ist die von Solomon Asch, der in den 1950er Jahren Experimente durchführte, um zu zeigen, wie Gruppenzwang die Wahrnehmung und Entscheidungsfindung beeinflusst. In diesen Experimenten wurden Teilnehmer gebeten, die Länge von Linien zu vergleichen, während sie von anderen beeinflusst wurden, die absichtlich falsche Antworten gaben. Die Ergebnisse zeigten, dass viele Teilnehmer, trotz ihrer eigenen Überzeugungen, den falschen Antworten der Gruppe folgten, um nicht aus der Gruppe ausgeschlossen zu werden. Diese Studien verdeutlichen, wie stark der Wunsch, akzeptiert zu werden, die moralischen Entscheidungen des Einzelnen beeinflussen kann.

Ein weiteres eindringliches Beispiel für Gruppenzwang ist der Fall des „Bystander-Effekts", der in der Untersuchung des Mordes an Kitty Genovese in den 1960er Jahren dokumentiert wurde. Zeugen des Verbrechens blieben passiv, weil sie dachten, andere würden eingreifen. Diese Fallstudie zeigt, wie Gruppenzwang und das Gefühl der Verantwortungslosigkeit in einer Menschenmenge zu Untätigkeit führen können, was zu einem moralischen Versagen der Beteiligten führt. Hier wird klar, dass die Anwesenheit anderer nicht immer zu einer positiven sozialen Unterstützung führt, sondern auch das individuelle Handeln hemmen kann.

Die Rolle der sozialen Identität ist ebenfalls ein wichtiger Aspekt des Gruppenzwangs. In einer Studie von Henri Tajfel wurde gezeigt, dass Menschen dazu neigen, Mitglieder ihrer eigenen Gruppe zu bevorzugen und Außenstehende zu diskriminieren. Diese Tendenz wird oft durch Gruppennormen verstärkt, die bestimmte Verhaltensweisen belohnen und andere verurteilen. In Situationen, in denen Loyalität zur Gruppe gefordert wird, kann dies dazu führen, dass Individuen moralische Prinzipien opfern, um den Erwartungen ihrer Gruppe gerecht zu werden. Solche Dynamiken sind entscheidend für das Verständnis von Verrat und den inneren Konflikten, die daraus entstehen.

Zusätzlich spielt die Rolle von Schuld und Scham eine wesentliche Rolle in der Dynamik des Gruppenzwangs. Fallstudien zeigen, dass Individuen, die gegen die Normen ihrer Gruppe verstoßen, oft mit erheblichem emotionalem Stress konfrontiert sind. Diese Emotionen können zu einem verstärkten Bedürfnis führen, sich anzupassen und möglicherweise sogar unethisches Verhalten zu rechtfertigen, um den inneren Konflikt zu lösen. Die Psychologie dieser Emotionen ist zentral für das Verständnis, warum Menschen bereit sind, in bestimmten Situationen zu verraten, selbst wenn sie wissen, dass es falsch ist.

Schließlich zeigt die Betrachtung von Gruppenzwang in verschiedenen kulturellen Kontexten, dass die Auswirkungen von sozialen Normen und Erwartungen universell, aber auch kontextabhängig sind. Fallstudien aus unterschiedlichen Ländern und Kulturen belegen, dass die spezifischen Ausprägungen von Gruppenzwang variieren können, jedoch die zugrunde liegende psychologische Dynamik ähnlich bleibt. Dies eröffnet Diskussionen über die Evolution des Verrats und die Möglichkeiten der Vergebung, da die sozialen und kulturellen Rahmenbedingungen, die Gruppenzwang begünstigen, von entscheidender Bedeutung für unser Verständnis von menschlichem Verhalten und den damit verbundenen Konsequenzen sind.

Ursachen des Verrats

Soziale Einflüsse

Soziale Einflüsse spielen eine deutlich entscheidende Rolle in der Entwicklung unserer Persönlichkeit und in den Entscheidungen, die wir treffen. Sie sind oft subtil und wirken aus verschiedenen Quellen, wie Familie, Freunden, sozialen Medien und der Gesellschaft im Allgemeinen. Diese Einflüsse können unsere Werte, Überzeugungen und sogar unser Verhalten prägen. Insbesondere in Zeiten von Unsicherheit oder Konflikten neigen Menschen dazu, sich an sozialen Normen und Erwartungen zu orientieren, was zu einem inneren Konflikt führen kann, wenn diese Normen im Widerspruch zu den eigenen moralischen Überzeugungen stehen.

Ein klassisches Beispiel für soziale Einflüsse ist der Druck, den Freundeskreise auf Individuen ausüben können. Oftmals sind wir bereit, unsere eigenen Überzeugungen zu opfern, um dazuzugehören oder akzeptiert zu werden. In solchen Situationen kann der innere Verräter aktiv werden, indem er uns dazu verleitet, Entscheidungen zu treffen, die nicht mit unseren ethischen Werten übereinstimmen. Diese Dynamik ist besonders ausgeprägt in Gruppensituationen, wo der Wunsch nach sozialer Akzeptanz oft über persönliche Integrität gestellt wird.

Ein weiterer Aspekt der sozialen Einflüsse ist die Rolle der sozialen Medien. In der heutigen digitalen Welt sind wir ständig mit Informationen und Meinungen konfrontiert, die unsere Sichtweise beeinflussen können. Die ständige Verbindung zu anderen und die Präsentation eines idealisierten Selbst können den Druck erhöhen, sich anzupassen. Nutzer können sich unter dem Einfluss von Likes und Kommentaren gezwungen fühlen, ihre eigene Identität zu hinterfragen und möglicherweise ihre Überzeugungen zu verraten, um der breiten Masse zu gefallen.

Darüber hinaus haben kulturelle und gesellschaftliche Normen einen tiefen Einfluss auf unser Verhalten. Diese Normen werden oft unbewusst internalisiert und können dazu führen, dass wir uns anpassen, um nicht aus der Reihe zu tanzen. Der innere Verräter kann in diesen Momenten verstärkt in Erscheinung treten, indem er uns dazu bringt, uns selbst zu verraten, um den Erwartungen anderer gerecht zu werden. Die Herausforderung besteht darin, diese Einflüsse zu erkennen und sich bewusst für eine authentische Lebensweise zu entscheiden.

Abschließend lässt sich sagen, dass soziale Einflüsse sowohl förderlich als auch schädlich sein können. Es ist wichtig, ein Bewusstsein für diese Einflüsse zu entwickeln und aktiv zu reflektieren, wie sie unser Verhalten und unsere Entscheidungen prägen. Indem wir uns mit dem inneren Verräter auseinandersetzen und lernen, ihm nicht blind zu folgen, können wir authentischer leben und unsere eigenen Werte bewahren, trotz des Drucks, der von außen auf uns einwirkt.

Emotionale und psychische Faktoren

Emotionale und psychische Faktoren spielen eine entscheidende Rolle im Verständnis des inneren Verräters, der in jedem von uns lauert. Diese Faktoren beeinflussen nicht nur unsere Entscheidungen, sondern auch unser Selbstbild und unsere Beziehungen zu anderen. In der psychologischen Literatur wird oft auf die Komplexität von Emotionen und deren Auswirkungen auf das Verhalten eingegangen. Gefühle wie Angst, Scham, Schuld und

Unsicherheit können tief verwurzelte Verhaltensmuster hervorrufen, die letztendlich zu einem inneren Konflikt führen, der dem Bild des Judas ähnelt.

Ein zentraler emotionaler Faktor ist das Gefühl der Enttäuschung. Viele Menschen erleben Enttäuschungen in ihren persönlichen und beruflichen Lebensbereichen, was zu einem inneren Zweifeln an den eigenen Fähigkeiten führen kann. Diese Enttäuschungen können die Selbstwahrnehmung verzerren und dazu führen, dass Individuen sich in einer Art und Weise verhalten, die ihren Werten und Überzeugungen widerspricht. Der innere Verräter wird in solchen Momenten besonders aktiv, indem er negative Gedanken verstärkt und die Selbstsabotage fördert.

Ein weiterer bedeutender psychischer Faktor ist die Angst vor Ablehnung oder Versagen. Diese Ängste können dazu führen, dass Menschen Entscheidungen treffen, die nicht im Einklang mit ihren wahren Überzeugungen stehen. Sie könnten sich beispielsweise in Beziehungen oder beruflichen Situationen so verhalten, dass sie sich anpassen oder sogar verraten, um nicht ausgeschlossen zu werden. Der innere Verräter nutzt diese Ängste aus und ermutigt zu Handlungen, die letztendlich das eigene Wohlbefinden gefährden.

Darüber hinaus spielen traumatische Erlebnisse eine wesentliche Rolle in der Entstehung des inneren Verräters. Traumata können das Vertrauen in sich selbst und andere erheblich erschüttern. Menschen, die solche Erfahrungen gemacht haben, neigen dazu, sich selbst zu schützen, indem sie emotionale Mauern errichten. Diese Mauern können jedoch auch dazu führen, dass sie sich von ihren eigenen Wünschen und Zielen entfremden. In solchen Fällen kann der innere Verräter als Stimme fungieren, die die Isolation und das Misstrauen gegenüber anderen verstärkt.

Schließlich ist es wichtig, die Rolle der Selbstreflexion zu betonen. Emotionale und psychische Faktoren sind nicht statisch; sie können sich im Laufe der Zeit verändern und entwickeln. Ein bewusster Prozess der Selbstreflexion kann helfen, die eigenen inneren Konflikte zu erkennen und zu verstehen. Indem man sich mit den eigenen Emotionen und Gedanken auseinandersetzt, kann man den inneren Verräter entlarven und lernen, wie man ihm entgegenwirken kann. Dieser Prozess ist entscheidend für die persönliche Entwicklung und das Streben nach einem authentischen Leben, das im Einklang mit den eigenen Werten steht.

Der Einfluss von Verrat auf zwischenmenschliche Beziehungen

Loyalität als soziale Bindung

Loyalität als soziale Bindung spielt eine entscheidende Rolle in unseren zwischenmenschlichen Beziehungen. Sie bildet das Fundament, auf dem Vertrauen und Verbundenheit aufbauen. Diese Bindung ist nicht nur eine emotionale, sondern auch eine soziale Verpflichtung, die in vielen Kulturen und Gemeinschaften hoch geschätzt wird. Loyalität manifestiert sich in verschiedenen Formen, sei es in Freundschaften, Familienbeziehungen oder in beruflichen Kontexten. Sie trägt dazu bei, dass Menschen ein Gefühl der Zugehörigkeit entwickeln und sich in ihrer sozialen Umwelt sicherer fühlen.

Die Psychologie der Loyalität zeigt, dass sie oft eng mit der Identität einer Person verknüpft ist. Individuen neigen dazu, sich mit Gruppen zu identifizieren, die ihre Werte und Überzeugungen teilen. Diese Identifikation fördert die Loyalität gegenüber der Gruppe und stärkt die sozialen Bindungen. Gleichzeitig kann Loyalität auch zu einem Dilemma führen, wenn die Loyalität zu einer Gruppe in Konflikt mit individuellen Werten oder moralischen Überzeugungen gerät. In solchen Situationen stellt sich die

Frage, ob man der Gruppe treu bleiben oder seinen eigenen Überzeugungen folgen soll.

Der Einfluss von Verrat auf die soziale Bindung ist nicht zu unterschätzen. Wenn Loyalität gebrochen wird, kann dies zu tiefgreifenden emotionalen Verletzungen führen und das Vertrauen nachhaltig erschüttern. Verrat kann in vielen Formen auftreten, sei es durch Unaufrichtigkeit, das Brechen von Versprechen oder durch das Handeln gegen die Interessen einer anderen Person oder Gruppe. Die Folgen sind oft weitreichend und können nicht nur die betroffene Beziehung, sondern auch das soziale Gefüge der Gemeinschaft beeinträchtigen. In vielen Fällen sind die emotionalen Reaktionen auf Verrat so stark, dass sie das Vertrauen in zukünftige Beziehungen grundlegend destabilisieren.

Eine weitere Dimension der Loyalität als soziale Bindung ist die Rolle des Vertrauens. Vertrauen ist eine Voraussetzung für Loyalität, und ohne es ist eine stabile Bindung kaum möglich. Menschen sind eher bereit, loyal zu sein, wenn sie der anderen Person oder Gruppe vertrauen können. Dieses Vertrauen wird durch Konsistenz, Ehrlichkeit und Transparenz in den Interaktionen aufgebaut. Wenn jedoch Vertrauen verloren geht, wird die Loyalität oft in Frage gestellt, und die Bindungen, die zuvor stark waren, können schnell brüchig werden. Es ist wichtig zu erkennen, dass

Vertrauen und Loyalität dynamische Konzepte sind, die sich im Laufe der Zeit verändern können.

Wenn wir, die im Vorfeld getätigten Überlegungen zusammenfassen, lässt sich sagen, dass Loyalität als soziale Bindung eine komplexe und vielschichtige Thematik ist. Sie beeinflusst unsere Beziehungen und unser Verhalten in vielfältiger Weise und steht in einem ständigen Spannungsfeld zwischen individueller Integrität und sozialer Zugehörigkeit. Das Verständnis dieser Dynamiken ist entscheidend, um die psychologischen Aspekte von Verrat und Loyalität besser zu begreifen. In einer Welt, in der soziale Bindungen oft auf die Probe gestellt werden, bleibt die Frage, wie wir Loyalität bewahren und gleichzeitig den Herausforderungen des Verrats begegnen können, von zentraler Bedeutung.

Verrat in Freundschaften

Verrat in Freundschaften kann oft als das schmerzhafteste Erlebnis im zwischenmenschlichen Bereich angesehen werden. Es ist ein tiefgreifendes Gefühl des Verrats, wenn Menschen, denen wir vertrauen, unsere Geheimnisse, Schwächen oder verletzlichen Momente gegen uns verwenden. Diese Art von Verrat kann in verschiedenen Formen auftreten, sei es durch das Brechen von Versprechen, das Verbreiten von Gerüchten oder das absichtliche Hintergehen in wichtigen Lebenssituationen. Es sind nicht nur die Taten selbst, die verletzen, sondern auch die Emotionen und die Enttäuschung, die damit einhergehen.

Die psychologischen Mechanismen hinter dem Verrat in Freundschaften sind komplex. Oft sind es tief verwurzelte Unsicherheiten oder Konkurrenzkämpfe, die Menschen dazu treiben, ihre Freunde zu verraten. In vielen Fällen projizieren Individuen ihre eigenen Ängste und Unsicherheiten auf andere, was zu einem Gefühl der Bedrohung führt. Diese Bedrohung kann dazu führen, dass sie versuchen, sich selbst zu schützen, indem sie die andere Person in einem schlechten Licht darstellen. Solche Handlungen sind häufig das Ergebnis von inneren Konflikten und einem Mangel an emotionaler Stabilität.

Ein weiterer Aspekt des Verrats in Freundschaften ist die Rolle von Macht und Kontrolle. In zwischenmenschlichen Beziehungen gibt es oft unausgesprochene Machtverhältnisse. Wenn eine Person das Gefühl hat, die Kontrolle über eine Beziehung zu verlieren, kann dies zu verzweifelten Handlungen führen. Der Verrat wird dann als ein Mittel gesehen, um die eigene Position zu stärken oder zurückzugewinnen. Diese Dynamik kann besonders in Freundschaften auftreten, die von Eifersucht oder Rivalität geprägt sind, und führt oft zu einem Teufelskreis von Misstrauen und weiteren Verratshandlungen.

Die Folgen von Verrat in Freundschaften sind oft verheerend. Vertrauen, einmal gebrochen, ist schwer wiederherzustellen. Selbst wenn die betroffenen Personen versuchen, die Beziehung zu reparieren, bleibt oft ein Schatten des Zweifels und der Unsicherheit zurück. Die emotionale Distanz kann zunehmen, und es kann zu einer dauerhaften Veränderung der Beziehung kommen. In vielen Fällen entscheiden sich Menschen, sich von Freunden zu distanzieren, die sie verraten haben, was zu einem Gefühl der Isolation und Einsamkeit führen kann.

Psychologisch betrachtet liegt der Ursprung von Verrat oft in Konflikten zwischen Loyalität und eigenen Bedürfnissen. Menschen sind soziale Wesen, die sowohl nach Zugehörigkeit als auch nach Individualität streben. Wenn diese Bedürfnisse in Konflikt geraten, kann es zu einem inneren Dilemma kommen, das den Einzelnen dazu bringt, gegen seine Freunde zu handeln. Diese innere Zerrissenheit wird häufig von Angst vor Verlust oder Ablehnung verstärkt, was dazu führen kann, dass jemand bereit ist, eine Freundschaft zu opfern, um kurzfristige Vorteile zu erlangen. Diese Dynamik verdeutlicht, dass Verrat nicht nur eine bewusste Entscheidung, sondern oft auch eine Reaktion auf tiefere psychologische Bedürfnisse ist.

Der Einfluss von Verrat auf zwischenmenschliche Beziehungen kann verheerend sein. Er führt nicht nur zu einem Verlust des Vertrauens, sondern kann auch die gesamte soziale Struktur eines Freundeskreises destabilisieren. Vertrauen ist das Fundament jeder Beziehung, und wenn es gebrochen wird, ist der Weg zur Wiederherstellung oft lang und steinig. Die betroffenen Personen müssen nicht nur mit dem emotionalen Schmerz umgehen, sondern auch die Frage der Vergebung klären. In vielen Fällen bleibt der Schatten des Verrats dauerhaft bestehen und beeinflusst zukünftige Beziehungen, da das Vertrauen in andere Menschen nachhaltig erschüttert wird.

Zudem spielt die Rolle von Vertrauen in der Gesellschaft eine zentrale Rolle. In einer Welt, in der soziale Netzwerke und zwischenmenschliche Interaktionen immer komplexer werden, ist Vertrauen ein unverzichtbares Gut. Der Verlust von Vertrauen durch Verrat hat nicht nur persönliche, sondern auch gesellschaftliche Implikationen. Gemeinschaften, die auf Loyalität und gegenseitigem Respekt basieren, sind stabiler und widerstandsfähiger. Wenn jedoch Verrat zur Norm wird, kann dies zu einem allgemeinen Misstrauen führen, das die soziale Kohäsion gefährdet. Die Frage, wie Vertrauen aufgebaut und erhalten werden kann, wird somit zu einer zentralen Herausforderung unserer Zeit.

Um die Dynamik des Verrats in Freundschaften besser zu verstehen, ist es wichtig, sich mit den eigenen inneren Konflikten und Motiven auseinanderzusetzen. Jeder Mensch hat einen „inneren Verräter", der in bestimmten Situationen zum Vorschein kommen kann. Dies erfordert eine ehrliche Selbstreflexion und die Bereitschaft, die eigenen Schwächen und Unsicherheiten zu erkennen. Nur durch ein tieferes Verständnis der eigenen psychologischen Prozesse kann man lernen, gesunde, vertrauensvolle Beziehungen aufzubauen und zu pflegen, in denen Verrat keinen Platz hat.

Endend lässt sich festhalten, dass Verrat in Freundschaften ein folgenschweres Thema ist, das zahlreiche psychologische Aspekte berührt. Jeder Mensch trägt das Potenzial für Verrat in sich, und die Gründe dafür sind oft vielschichtig und kompliziert. Das Verständnis dieser Dynamiken ist entscheidend, um gesunde Beziehungen zu fördern und das Vertrauen innerhalb von Freundschaften zu stärken. Indem wir uns der psychologischen Hintergründe bewusstwerden, können wir lernen, wie wir sowohl mit unseren eigenen inneren Konflikten als auch mit den Herausforderungen umgehen können, die Verrat in zwischenmenschlichen Beziehungen mit sich bringt.

Verrat in romantischen Beziehungen

Verrat in romantischen Beziehungen ist ein tiefgreifendes und oft schmerzhaftes Thema, das viele Menschen betrifft. Der innere Verräter, der sich in jedem von uns versteckt, kann die Form von Eifersucht, Angst, Unsicherheit oder unbewussten Konflikten annehmen. Diese inneren Konflikte führen häufig dazu, dass wir in entscheidenden Momenten nicht die Unterstützung leisten, die wir in einer Beziehung bieten sollten. In der Psychologie wird dieser Verrat oft als Selbstsabotage betrachtet, die nicht nur den Partner, sondern auch das eigene Wohlbefinden gefährdet.

Ein zentraler Aspekt des Verrats in romantischen Beziehungen ist das Vertrauen. Vertrauen ist das Fundament jeder gesunden Beziehung. Wenn dieses Vertrauen erschüttert wird, sei es durch Untreue oder andere Formen der emotionalen Distanzierung, kann dies zu einem irreparablen Schaden führen. Der innere Verräter kann in Form von Misstrauen auftreten, wodurch sich der Partner in einer defensiven Haltung befindet, die oft zu einem Teufelskreis von Verdacht und Vorwürfen führt. Es ist entscheidend, diese Dynamik zu erkennen, um wieder zu einer offenen und ehrlichen Kommunikation zurückzukehren.

Die Motivation hinter dem Verrat kann vielfältig sein. In vielen Fällen handelt es sich um unerfüllte Bedürfnisse, die nicht angesprochen werden. Wenn Partner ihre Wünsche und Erwartungen nicht klar kommunizieren, kann dies dazu führen, dass sich einer von ihnen in der Beziehung nicht mehr wohlfühlt. Diese Unzufriedenheit kann sich in Form von emotionalem oder physischem Verrat äußern. Hierbei ist es wichtig, die eigenen Gefühle und Bedürfnisse zu reflektieren und aktiv in die Beziehung einzubringen, um Missverständnisse und Verletzungen zu vermeiden.

Ein weiterer Aspekt ist die Rolle von Angst und Unsicherheit. Viele Menschen fürchten, dass ihr Partner sie eines Tages verlassen könnte. Diese Angst kann dazu führen, dass sie sich schützen, indem sie selbst verletzen. Der innere Verräter manifestiert sich dann in Form von Selbstzweifeln oder dem Bedürfnis, den Partner auf die Probe zu stellen. Diese Dynamik kann eine Beziehung stark belasten und führt oft zu einem verstärkten Gefühl der Isolation, anstatt eine tiefere Verbindung zu schaffen.

Eine häufige psychologische Erklärung für Verrat in romantischen Beziehungen ist das Streben nach Bestätigung und Sicherheit. Viele Menschen fühlen sich in ihrer Beziehung nicht genug gewürdigt oder geliebt, was sie dazu veranlasst, außerhalb der Beziehung nach Bestätigung zu suchen. Diese Suche kann zu einem kurzfristigen Gefühl der Erfüllung führen, hat jedoch oft langfristige negative Konsequenzen, sowohl für den Verräter als auch für das betrogene Opfer. Der Verlust von Vertrauen ist häufig irreparabel und führt zu einer Kettenreaktion von Verletzungen und Enttäuschungen.

Zusätzlich spielen gesellschaftliche Normen und Erwartungen eine Rolle im Phänomen des Verrats. In einer Welt, in der Individualismus und persönliche Freiheit hoch geschätzt werden, kann der Druck, in einer Beziehung glücklich zu sein, zu einem Gefühl der Unzulänglichkeit führen. Menschen neigen dazu, ihre Bedürfnisse über die ihrer Partner zu stellen, was zu einem Konflikt zwischen persönlichem Glück und relationaler Loyalität führt. Dieser innere Konflikt kann dazu führen, dass Individuen Entscheidungen treffen, die nicht nur ihre Partner, sondern auch sich selbst schädigen.

Verrat in romantischen Beziehungen ist somit ein verzweigtes Bild, welches tief in den psychologischen Mustern und unbewussten Ängsten verwurzelt ist. Um die Beziehung zu heilen und zu stärken, ist es unerlässlich, sich der eigenen inneren Konflikte bewusst zu werden und diese aktiv anzugehen. Der Weg zu einer stabilen und liebevollen Beziehung erfordert Mut, Offenheit und die Bereitschaft, sowohl sich selbst als auch den Partner ehrlich zu betrachten. Nur so kann der innere Verräter besiegt und ein harmonisches Miteinander gefördert werden. Letztendlich spielt Vertrauen eine entscheidende Rolle in der Gesellschaft und in romantischen Beziehungen. Es ist die Grundlage jeder gesunden Interaktion und ermöglicht es Individuen, sich emotional zu öffnen und Verwundbarkeit zuzulassen. Wenn dieses Vertrauen jedoch gebrochen wird, kann es zu einem Kreislauf von Verrat und Misstrauen führen, der nicht nur Beziehungen, sondern auch soziale Strukturen destabilisieren kann. Daher ist es wichtig, die psychologischen Aspekte von

Verrat und Loyalität zu verstehen, um Wege zu finden, Vertrauen in Beziehungen wiederherzustellen und aufrechtzuerhalten.

Verrat im beruflichen Umfeld

Verrat im beruflichen Umfeld ist ein komplexes Phänomen, das auch in den menschlichen Beziehungen verwurzelt ist. In einer Welt, in der Teamarbeit und Zusammenarbeit entscheidend für den Erfolg sind, kann der Verrat eines Individuums an seinen Kollegen oder der Organisation verheerende Auswirkungen haben. Psychologisch betrachtet ist Verrat oft das Ergebnis von Machtkämpfen, persönlichen Unsicherheiten oder dem Streben nach persönlichem Erfolg um jeden Preis. Diese Dynamiken schaffen ein Umfeld, in dem das Vertrauen zwischen den Mitarbeitern leicht erschüttert werden kann.

Ein zentraler Gesichtspunkt des Verrats im beruflichen Kontext ist das Vertrauen. Vertrauen bildet die Grundlage für jede erfolgreiche Zusammenarbeit. Wenn dieses Vertrauen gebrochen wird, führt dies nicht nur zu einem Verlust an Produktivität, sondern auch zu einer tiefen emotionalen Verletzung. Mitarbeiter fühlen sich oft betrogen, was zu einer Spaltung innerhalb des Teams führt und die allgemeine Moral beeinträchtigen kann. Die psychologischen

Auswirkungen eines solchen Verrats sind weitreichend und können sich sowohl auf die individuelle als auch auf die kollektive Ebene auswirken.

Die Gründe für Verrat im Berufsleben sind vielfältig. Oftmals resultiert er aus einem Gefühl der Ungerechtigkeit, Neid oder mangelnder Anerkennung. Ein Mitarbeiter, der sich übergangen fühlt, könnte versucht sein, Informationen zu stehlen oder seinen Vorgesetzten in einem schlechten Licht darzustellen. Solche Handlungen sind oft nicht nur impulsiv, sondern können auch das Ergebnis von langfristigen emotionalen Konflikten sein. Es ist wichtig zu verstehen, dass jeder Mensch, selbst der loyalste Mitarbeiter, in bestimmten Situationen das Potenzial für Verrat in sich trägt.

Darüber hinaus spielt die Unternehmenskultur eine entscheidende Rolle bei der Entstehung von Verrat. Unternehmen, die ein wettbewerbsorientiertes oder feindliches Umfeld fördern, können eher mit Verrat konfrontiert werden. In solchen Kulturen wird das Individuum oft über das Team gestellt, was die Loyalität untergräbt und ein Klima des Misstrauens schafft. Psychologisch gesehen kann dies dazu führen, dass Mitarbeiter ihre eigenen Interessen über die des gemeinsamen Ziels stellen, was letztendlich den Zusammenhalt und die Effizienz des gesamten Teams gefährdet.

Die Aufarbeitung von Verrat im beruflichen Umfeld erfordert einen bewussten Umgang mit den zugrunde liegenden psychologischen Aspekten. Eine offene Kommunikation und die Schaffung eines unterstützenden Umfelds sind entscheidend, um das Vertrauen wiederherzustellen und Loyalität zu fördern. Unternehmen sollten Strategien entwickeln, um ein Gefühl der Zugehörigkeit und Wertschätzung zu schaffen, wodurch die Wahrscheinlichkeit von Verrat verringert wird. Nur durch das Verständnis der psychologischen Mechanismen, die hinter Verrat und Loyalität stehen, können Organisationen gesunde, vertrauensvolle Beziehungen aufbauen und erhalten.

Die Nachwirkungen des Judas-Verrats

Psychologische und emotionale Effekte auf Betroffene

Im Kontext des Verrats, wie er im biblischen Beispiel von Judas Iskariot dargestellt wird, sind die psychologischen und emotionalen Effekte auf die Betroffenen von zentraler Bedeutung. Verrat ist nicht nur ein physischer Akt, sondern hat tiefgreifende Auswirkungen auf die psychische Gesundheit und das emotionale Wohlbefinden der Beteiligten. Die Betroffenen erleben oft Gefühle von

Enttäuschung, Wut und Trauer, die in verschiedenen Intensitäten auftreten können. Diese Emotionen können als direkte Reaktion auf den Verlust von Vertrauen und die Verletzung von Bindungen verstanden werden, die oft ein Gefühl der Isolation und des inneren Konflikts hervorrufen.

Die psychologischen Auswirkungen des Verrats manifestieren sich häufig in Form von posttraumatischen Belastungsstörungen (PTBS). Die Betroffenen können Flashbacks erleben, die sie an den Moment des Verrats erinnern, was zu einer ständigen Wiederbelebung des Traumas führt. Diese Form der psychologischen Belastung kann sich auch in Angstzuständen und Depressionen äußern, die die Lebensqualität erheblich beeinträchtigen. Die ständige Sorge um zukünftige Beziehungen und das Misstrauen gegenüber anderen Menschen sind oft die Folge, was die Fähigkeit zur emotionalen Bindung weiter einschränkt.

In der emotionalen Verarbeitung des Verrats spielen auch soziale Faktoren eine wesentliche Rolle. Die Reaktionen des sozialen Umfelds können die Verarbeitung des Traumas sowohl positiv als auch negativ beeinflussen. Unterstützung durch Freunde und Familie kann helfen, die emotionalen Schmerzen zu lindern, während Stigmatisierung oder das Fehlen von Unterstützung die Isolation verstärken können. Diese sozialen Dynamiken verdeutlichen, wie wichtig ein gesundes und unterstützendes Umfeld für die Heilung ist, insbesondere in Zeiten emotionaler Krisen.

Zudem hat der Verrat auch Auswirkungen auf das Selbstbild und das Selbstwertgefühl der Betroffenen. Oftmals führt der Verrat zu einem Gefühl der Unzulänglichkeit und Selbstzweifel. Die betroffene Person könnte beginnen, sich selbst die Schuld für den Verrat zu geben, was zu einem Teufelskreis aus Selbstkritik und emotionalem Schmerz führt. Ein verzerrtes Selbstbild kann langfristige Folgen auf die psychische Gesundheit haben und die Fähigkeit zur Selbstakzeptanz beeinträchtigen.

Schließlich ist es wichtig, die langfristigen Konsequenzen des Verrats zu betrachten. Die emotionalen und psychologischen Wunden können tief verankert bleiben und sich auf zukünftige Beziehungen auswirken. Die Betroffenen können Schwierigkeiten haben, Vertrauen wieder aufzubauen und gesunde Bindungen einzugehen, was die zwischenmenschlichen Beziehungen stark belasten kann. Ein umfassendes Verständnis der psychologischen und emotionalen Effekte von Verrat ist daher entscheidend, um sowohl individuelle Heilungsprozesse als auch gesellschaftliche Ansätze zur Prävention und Intervention zu fördern.

Gesellschaftliche Reaktionen auf Verrat

Gesellschaftliche Reaktionen auf Verrat sind ein zentrales Thema in der Analyse von zwischenmenschlichen Beziehungen und deren Dynamik. Verrat, insbesondere in einem gesellschaftlichen Kontext, löst oft tiefgreifende Emotionen und Reaktionen aus. Die Reaktion auf Verrat kann variieren, je nach den beteiligten Individuen und den Umständen des Verrats. In vielen Kulturen wird Verrat als eine der schwersten moralischen Verfehlungen angesehen, was zu einer starken Stigmatisierung des Verräters führen kann. Diese Stigmatisierung kann sich sowohl auf individueller als auch auf kollektiver Ebene manifestieren.

Eine der häufigsten gesellschaftlichen Reaktionen auf Verrat ist die Ausgrenzung des Verräters. In vielen Gemeinschaften wird der Verräter oft aus sozialen Kreisen ausgeschlossen, was zu einem Verlust von Status und Identität führen kann. Diese Ausgrenzung kann sowohl durch direkte Maßnahmen, wie das Vermeiden von Kontakten, als auch durch subtile Formen der Ablehnung, wie das Ignorieren, geschehen. Diese Reaktionen haben nicht nur Auswirkungen auf den Verräter selbst, sondern auch auf die Gemeinschaft als Ganzes, da sie Spannungen und Misstrauen innerhalb der Gruppe fördern können.

Darüber hinaus wird Verrat auch zu einer verstärkten Überprüfung von Loyalitäten und Bindungen innerhalb der

Gesellschaft führen. Menschen neigen dazu, ihre Beziehungen zu hinterfragen und die Vertrauenswürdigkeit ihrer Mitmenschen kritisch zu beurteilen. Diese Skepsis kann zu einem Klima des Misstrauens führen, in dem offene Kommunikation und Kooperation erschwert werden. In extremen Fällen kann dies dazu führen, dass Gemeinschaften sich in rivalisierende Fraktionen spalten, die sich gegenseitig misstrauen und als Bedrohung empfinden.

Die gesellschaftlichen Reaktionen auf Verrat sind jedoch nicht immer negativ. In einigen Kontexten kann Verrat auch als Katalysator für positive Veränderungen betrachtet werden. Wenn beispielsweise ein Verräter innerhalb einer Organisation Informationen preisgibt, die auf Missstände hinweisen, kann dies zu Reformen und einer Verbesserung der Bedingungen führen. In solchen Fällen wird der Verräter möglicherweise nicht nur akzeptiert, sondern auch als Held angesehen, der das Wohl der Gemeinschaft über persönliche Loyalität stellt. Dies zeigt, dass die Reaktionen auf Verrat stark kontextabhängig sind und sowohl destruktive als auch konstruktive Folgen haben können.

Es ist aber ebenso wichtig, die langfristigen Auswirkungen von Verrat auf die Gesellschaft zu betrachten. Die Art und Weise, wie eine Gemeinschaft auf Verrat reagiert, kann deren Werte und Normen nachhaltig beeinflussen. Gesellschaften, die Verrat vehement verurteilen, könnten eine Kultur des Misstrauens entwickeln, während solche, die Verrat differenzierter betrachten, möglicherweise offener für Diskussionen und Konfliktlösungen sind. Diese unterschiedlichen Ansätze prägen nicht nur die zwischenmenschlichen Beziehungen, sondern auch die gesellschaftliche Gesamtstruktur und die Art und Weise, wie zukünftige Generationen mit Loyalität und Verrat umgehen.

Der langfristige Einfluss auf Vertrauen und Zusammenarbeit

Der langfristige Einfluss auf Vertrauen und Zusammenarbeit ist ein zentrales Thema in der Analyse des Verrats, insbesondere im Kontext des Judas-Effekts. Der Verrat von Judas Iskariot hat nicht nur die religiöse Geschichte geprägt, sondern auch tiefgreifende Auswirkungen auf zwischenmenschliche Beziehungen und soziale Strukturen gehabt. Vertrauen bildet die Grundlage jeder Form von Zusammenarbeit, und ein solcher Verrat kann diese Basis nachhaltig erschüttern. Die Art und Weise, wie Gemeinschaften und Individuen mit Verrat umgehen, kann entscheidend sein für die zukünftige Kooperationsbereitschaft und den sozialen Zusammenhalt.

In der Wissenschaft wird Vertrauen oft als ein dynamisches Konstrukt betrachtet, das durch Erfahrungen und Interaktionen geformt wird. Wenn Verrat in einer Gruppe auftritt, kann dies zu einer erhöhten Skepsis führen. Die Mitglieder einer Gemeinschaft könnten beginnen, einander misstrauischer zu begegnen, was die Zusammenarbeit und den Austausch von Ressourcen erheblich beeinträchtigen kann. Diese Skepsis ist nicht nur auf den Verräter selbst gerichtet, sondern kann sich auch auf Dritte ausweiten, die in der Vergangenheit nichts mit dem Verrat zu tun hatten. Somit wird Vertrauen als ein zerbrechliches Gut erkennbar, das durch einmalige negative Erfahrungen stark beschädigt werden kann.

Ein weiterer langfristiger Einfluss des Verrats ist die Möglichkeit der Stigmatisierung. Personen, die als Verräter wahrgenommen werden, können nicht nur sozial isoliert werden, sondern auch das Vertrauen in die gesamte Gruppe untergraben. Dies führt häufig dazu, dass die Zusammenarbeit innerhalb der Gruppe leidet, da sich die Mitglieder voneinander distanzieren und eine defensive Haltung einnehmen. Der soziale Zusammenhalt wird geschwächt, und die Bereitschaft, Risiken einzugehen und sich auf andere zu verlassen, nimmt ab. Die Gruppen, die unter einem solchen Verrat leiden, sehen sich daher oft mit einem Teufelskreis konfrontiert: Misstrauen führt zu weniger Zusammenarbeit, was wiederum zu einer verstärkten Isolation und Fragmentierung der Gemeinschaft führt.

Die Auswirkungen des Verrats sind nicht nur auf die unmittelbare Gruppe beschränkt, sondern haben auch weitreichende gesellschaftliche Konsequenzen. In größeren sozialen Systemen kann ein Vorfall von Verrat das Vertrauen in Institutionen und Führungsfiguren untergraben. Dies kann zu einer allgemeinen Skepsis gegenüber Autoritäten führen, was die Kooperation zwischen verschiedenen sozialen Gruppen und Institutionen weiter erschwert. Der Verlust von Vertrauen in soziale Institutionen kann soziale Unruhen hervorrufen und die Stabilität von Gesellschaften gefährden. Somit ist der Verrat nicht nur ein individuelles, sondern auch ein kollektives Problem, das weitreichende Implikationen hat.

Am Schluss zeigt die Analyse des Judas-Effekts, dass die Heilung von den Wunden des Verrats Zeit und bewusste Anstrengungen erfordert. Es ist möglich, Vertrauen und Zusammenarbeit wiederherzustellen, jedoch ist dies ein komplexer und oft schmerzhafter Prozess. Gruppen müssen Wege finden, um über den Verrat zu reflektieren, klare Kommunikationskanäle zu schaffen und sich auf gemeinsame Werte zu konzentrieren. Nur durch solche bewussten Schritte kann das Vertrauen allmählich wiederaufgebaut werden. Langfristig gesehen ist es entscheidend, dass Gemeinschaften aus den Erfahrungen des Verrats lernen, um resilienter zu werden und zukünftige Kooperationen zu fördern.

Die Rolle von Vertrauen in der Gesellschaft

Vertrauen als Grundlage für soziale Interaktionen

Vertrauen ist das Fundament jeder sozialen Interaktion. Es bildet die Basis für Beziehungen, sei es in der Familie, im Freundeskreis oder am Arbeitsplatz. Vertrauen ermöglicht es Menschen, sich verletzlich zu zeigen und ihre innersten Gedanken und Gefühle auszutauschen. Ohne Vertrauen sind zwischenmenschliche Beziehungen oft von Misstrauen und Angst geprägt, was zu einem ständigen Kampf um Kontrolle und Dominanz führt. In einem sozialen Kontext ist Vertrauen nicht nur eine persönliche Entscheidung, sondern auch eine gesellschaftliche Notwendigkeit, um stabile und funktionierende Gemeinschaften zu bilden.

Die Entwicklung von Vertrauen geschieht meist über Zeit und durch wiederholte positive Erfahrungen. Menschen neigen dazu, anderen zu vertrauen, wenn sie konsistente, ehrliche und transparente Verhaltensweisen beobachten. Ein einmal gebrochenes Vertrauen kann jedoch schwerwiegende Folgen haben. Es erfordert oft erhebliche Anstrengungen, um verlorenes Vertrauen wiederherzustellen. In vielen Fällen führt ein Verlust des Vertrauens zu einer Kettenreaktion, die sich auf mehrere Beziehungen auswirken kann, da die Betroffenen beginnen, auch anderen zu misstrauen.

Die Rolle von Vertrauen wird besonders deutlich, wenn man die psychologischen Aspekte von Verrat und Loyalität betrachtet. Verrat ist oft das Ergebnis eines Missbrauchs von Vertrauen, was zu tiefen emotionalen Wunden führen kann. Menschen, die verraten wurden, erleben häufig eine Vielzahl von negativen Gefühlen, darunter Trauer, Wut und Enttäuschung. Diese Emotionen können nicht nur die betroffenen Individuen belasten, sondern auch das soziale Gefüge, in dem sie leben. Loyalität hingegen kann als der positive Gegenpol zum Verrat betrachtet werden, da sie auf gegenseitigem Vertrauen und Respekt basiert.

In der heutigen Gesellschaft, die von schnellen Veränderungen und Unsicherheiten geprägt ist, wird Vertrauen zu einem wertvollen Gut. In Zeiten von Krisen, wie wirtschaftlichen Abschwüngen oder politischen Umwälzungen, kann das Vertrauen in Institutionen und zwischen Individuen auf die Probe gestellt werden. Die Fähigkeit, Vertrauen zu schaffen und zu erhalten, wird entscheidend dafür sein, wie Gemeinschaften und Gesellschaften diese Herausforderungen meistern. Ein starkes Vertrauensfundament kann helfen, soziale Spannungen abzubauen und den Zusammenhalt zu fördern.

Letztlich hängt das Wohlbefinden und die Stabilität unserer sozialen Beziehungen von dem Maß an Vertrauen ab, das wir füreinander aufbauen. Die ständige Reflexion über unsere eigenen Werte und die Art und Weise, wie wir mit anderen interagieren, ist unerlässlich. Der Umgang mit Verrat und Loyalität erfordert ein tiefes Verständnis für die Dynamiken des Vertrauens. Nur wenn wir die Bedeutung von Vertrauen anerkennen und aktiv daran arbeiten, es zu fördern, können wir die oft schmerzhaften Erfahrungen des Verrats überwinden und gesunde, unterstützende Beziehungen aufbauen.

Verlust von Vertrauen und seine Konsequenzen

Der Verlust von Vertrauen ist ein tiefgreifendes und oft schmerzhaftes Erlebnis, das in zwischenmenschlichen Beziehungen weitreichende Konsequenzen nach sich ziehen kann. Vertrauen bildet das Fundament jeder Beziehung, sei es in der Familie, in Freundschaften oder am Arbeitsplatz. Wenn dieses Fundament erschüttert wird, sei es durch Verrat, Lügen oder andere Formen des Missbrauchs, führt dies häufig zu einem emotionalen Rückzug und einer Neuverhandlung der Beziehung. Die psychologischen Auswirkungen sind vielschichtig und reichen von

Unsicherheit bis hin zu einem tiefen Gefühl der Enttäuschung.

Ein zentraler Aspekt des Vertrauensverlustes ist die Frage der Loyalität. Wenn jemand, dem man vertraut, uns in einer entscheidenden Situation verrät, wird dies nicht nur als persönlicher Angriff empfunden, sondern auch als Verletzung eines sozialen und moralischen Codes. Diese Erfahrung kann dazu führen, dass das Opfer beginnt, die eigenen Werte und Überzeugungen in Frage zu stellen. Es entsteht ein innerer Konflikt, der oft in einem Verlust des Selbstwertgefühls mündet. Der Gedanke, dass die eigene Loyalität nicht erwidert wurde, hinterlässt Narben, die lange nach dem Vorfall bestehen bleiben können.

Die Konsequenzen des Vertrauensverlustes sind nicht nur emotional, sondern auch sozial. Der soziale Rückzug, der oft als Reaktion auf einen erlittenen Verrat auftritt, kann zu Isolation führen. Menschen neigen dazu, sich von anderen zurückzuziehen, um sich vor weiteren Verletzungen zu schützen. Diese Isolation kann die Entstehung neuer Beziehungen erschweren und das Vertrauen in andere weiter untergraben. Der Verlust von Vertrauen kann somit zu einem Teufelskreis werden, der die Fähigkeit zur sozialen Interaktion und zur Bildung neuer Bindungen stark beeinträchtigt.

Darüber hinaus beeinflusst der Verlust von Vertrauen das gesellschaftliche Gefüge als Ganzes. In Gemeinschaften, in denen häufige Verratsakte vorkommen, kann ein allgemeines Misstrauen entstehen, das die Zusammenarbeit und den sozialen Zusammenhalt gefährdet. Die Gesellschaft wird anfälliger für Spaltungen, da die Menschen dazu neigen, in Gruppen zu denken und sich von anderen, die als potenzielle Bedrohung wahrgenommen werden, abzugrenzen. Diese Dynamik kann sowohl auf individueller als auch auf kollektiver Ebene zu einem Anstieg von Aggression und Konflikten führen.

Letzten Endes ist der Verlust von Vertrauen eine schwierige Erscheinung, die weitreichende psychologische und soziale Folgen hat. Es zeigt die Fragilität menschlicher Beziehungen und die fundamentale Bedeutung von Loyalität und Ehrlichkeit. Um die negativen Konsequenzen zu überwinden, ist es entscheidend, Wege zur Wiederherstellung des Vertrauens zu finden. Dies erfordert oft Mut, Offenheit und die Bereitschaft, alte Verletzungen zu heilen, um neue, gesunde Beziehungen aufbauen zu können.

Kollektiver Verrat

Kollektiver Verrat ist ein Konzept, das tief in der menschlichen Psychologie verwurzelt ist und oft in sozialen, politischen und kulturellen Kontexten auftritt. Er beschreibt das Phänomen, dass Gruppen von Individuen Entscheidungen treffen oder Handlungen durchführen, die gegen die Interessen oder das Wohlergehen anderer gerichtet sind. Dieser Verrat kann sowohl bewusst als auch unbewusst geschehen und hat häufig weitreichende Konsequenzen für die Betroffenen. Das Verständnis dieser Dynamik ist entscheidend, um die Mechanismen zu erkennen, die zu einem kollektiven Verrat führen können.

Ein wesentlicher Aspekt des kollektiven Verrats ist die Rolle von Gruppendruck und Konformität. Individuen neigen dazu, sich den Überzeugungen und Verhaltensweisen ihrer sozialen Gruppen anzupassen, oft auf Kosten ihrer eigenen moralischen Werte. Dies kann zu Entscheidungen führen, die gegen die ethischen Standards der Gruppe verstoßen oder die Interessen anderer schädigen. Psychologische Studien zeigen, dass der Drang nach Akzeptanz und Zugehörigkeit oft stärker ist als das individuelle Gewissen, was die Anfälligkeit für kollektiven Verrat erhöht.

Ein weiteres wichtiges Element ist die Entpersonalisierung des Opfers. Wenn Gruppen gegen eine andere Gruppe handeln, wird oft die Menschlichkeit des Gegenübers ignoriert oder abgewertet. Diese Entmenschlichung erleichtert es den Individuen, sich von den moralischen Implikationen ihrer Handlungen zu distanzieren. In extremen Fällen, wie in Kriegs- oder Konfliktsituationen, kann dies zu grausamen Handlungen führen, die in einem anderen Kontext unvorstellbar wären. Die Psychologie des kollektiven Verrats offenbart somit, wie leicht Menschen in eine solche Dynamik hineingezogen werden können.

Die gesellschaftlichen Bedingungen, die kollektiven Verrat begünstigen, sind ebenfalls von Bedeutung. In Zeiten von Krisen, Unsicherheit oder Bedrohungen steigt häufig die Bereitschaft, sich gegen andere zu wenden. Die Angst vor Verlust oder die Wahrnehmung eines Mangels an Ressourcen kann dazu führen, dass Menschen bereit sind, ihre Werte zu opfern, um die eigene Gruppe zu schützen. Diese Dynamik findet sich nicht nur in großen politischen Bewegungen, sondern auch in alltäglichen sozialen Interaktionen, wo Misstrauen und Rivalität innerhalb von Gemeinschaften entstehen können.

Schließlich ist es wichtig, die Wege zur Überwindung kollektiven Verrats zu betrachten. Bewusstsein und Reflexion sind entscheidend, um die eigenen Werte und die der Gruppe kritisch zu hinterfragen. Die Förderung von Empathie und Verständnis zwischen verschiedenen Gruppen kann helfen, die Mechanismen des kollektiven Verrats zu durchbrechen. Indem Individuen und Gemeinschaften lernen, die Menschlichkeit des "Anderen" zu erkennen, können sie eine Kultur der Verantwortung und des Respekts schaffen, die kollektiven Verrat verhindert und das Zusammenleben fördert.

Die Rolle von Macht und Einfluss

Die Rolle von Macht und Einfluss ist ein zentrales Thema in der psychologischen Untersuchung des menschlichen Verhaltens. Macht kann definiert werden als die Fähigkeit, die Handlungen und Entscheidungen anderer zu beeinflussen oder zu kontrollieren. Einfluss hingegen bezieht sich auf die subtileren Formen der Beeinflussung, die oft durch Überzeugung, Charisma oder soziale Normen erfolgen. In vielen sozialen und beruflichen Kontexten wird die Dynamik zwischen Macht und Einfluss entscheidend für die Interaktion zwischen Individuen und Gruppen. Die Analyse dieser Dynamiken kann helfen, die inneren Konflikte zu verstehen, die zu Verrat oder Loyalität führen.

Macht wird häufig als etwas Negatives wahrgenommen, insbesondere wenn sie missbraucht wird. Der innere Verräter in jedem von uns kann oft als Reaktion auf Machtmissbrauch entstehen. Menschen, die sich in einer Position der Macht befinden, können unbewusst dazu neigen, ihre Autorität zu missbrauchen, was zu einem Teufelskreis von Misstrauen und Verrat führt. In diesen Situationen ist es wichtig, die eigene Machtreflexion zu schärfen und sich der eigenen Verantwortung bewusst zu werden. Das Erkennen der eigenen Macht und deren Einfluss auf andere kann dabei helfen, gesunde und ethische Entscheidungsprozesse zu fördern.

Ein weiterer Aspekt der Macht und des Einflusses ist die soziale Dynamik, die in Gruppen entsteht. Oftmals entstehen in Gruppen Hierarchien, die die zwischenmenschlichen Beziehungen prägen. Diese Hierarchien können sowohl positive als auch negative Auswirkungen haben, je nachdem, wie Macht und Einfluss innerhalb der Gruppe verteilt und ausgeübt werden. In einigen Fällen kann der Wunsch nach Einfluss zu einem Wettbewerb führen, der das Gefühl der Gemeinschaft untergräbt und zu inneren Konflikten beiträgt. Das Verständnis dieser Dynamiken ist entscheidend, um die Ursachen von Verrat zu erkennen und zu adressieren.

Die psychologischen Mechanismen hinter Macht und Einfluss können auch durch die Theorie der sozialen Identität erklärt werden. Individuen neigen dazu, sich mit Gruppen zu identifizieren, was ihre Wahrnehmung von Macht und Einfluss beeinflussen kann. Diese Identifikation kann sowohl die Loyalität stärken als auch die Neigung zur Sabotage gegenüber anderen Gruppen fördern. In Situationen, in denen der innere Verräter aktiv wird, kann die Gruppenzugehörigkeit eine entscheidende Rolle spielen. Das Bewusstsein für diese Mechanismen kann helfen, die eigenen Motivationen zu hinterfragen und das eigene Verhalten zu steuern.

Zusammenfassend lässt sich sagen, dass die Rolle von Macht und Einfluss komplex und vielschichtig ist. Sie ist sowohl der Schlüssel zur Schaffung von positiven Beziehungen als auch ein potenzieller Auslöser für Verrat und Konflikte. Ein tiefes Verständnis dieser Konzepte ermöglicht es, die eigene innere Dynamik zu erkennen und Strategien zu entwickeln, um den inneren Verräter zu zähmen. Die Auseinandersetzung mit Macht und Einfluss ist somit nicht nur eine Frage der sozialen Interaktion, sondern auch eine tiefgreifende psychologische Herausforderung, die jeder für sich selbst angehen muss.

Wiederherstellung von Vertrauen nach Verrat

Die Wiederherstellung von Vertrauen nach Verrat ist ein komplexer Prozess, der sowohl emotionale als auch psychologische Dimensionen umfasst. Verrat kann in verschiedenen Formen auftreten, sei es durch Untreue in einer Beziehung, Verrat am Arbeitsplatz oder das Brechen von Versprechen unter Freunden. Unabhängig von der spezifischen Situation hinterlässt Verrat oft tiefe Wunden, die es erfordern, dass die betroffenen Personen sich mit ihren Emotionen auseinandersetzen und aktiv an der Wiederherstellung des Vertrauens arbeiten.

Der erste Schritt zur Wiederherstellung von Vertrauen besteht darin, die Verletzung anzuerkennen und offen über die verursachten Schäden zu sprechen. Kommunikation ist entscheidend, um die Perspektiven aller Beteiligten zu verstehen. Der Verräter muss bereit sein, Verantwortung für sein Handeln zu übernehmen und die Auswirkungen seines Verhaltens auf die Beziehung zu erkennen. Dies schafft einen Raum für Ehrlichkeit und Transparenz, der notwendig ist, um die Grundlage für eine mögliche Versöhnung zu legen.

Ein weiterer wichtiger Aspekt ist die Zeit, die benötigt wird, um Vertrauen wieder aufzubauen. Der Heilungsprozess kann langwierig sein und erfordert Geduld von beiden Seiten. Der Verrat hat oft das Sicherheitsgefühl der betroffenen Person erschüttert, und es ist notwendig, diesen emotionalen Schmerz zu bearbeiten. Die betrogene Person muss in der Lage sein, ihre Gefühle zu verarbeiten, während der Verräter zeigen muss, dass er bereit ist, an sich zu arbeiten und sich zu ändern. Dieser Prozess kann durch Therapie oder Unterstützung von Dritten unterstützt werden, die helfen, die Dynamik zwischen den Betroffenen zu klären.

Die Rolle von Vergebung ist ein weiterer kritischer Faktor in der Wiederherstellung von Vertrauen. Vergebung ist ein aktiver Prozess, der nicht nur das Loslassen von Groll, sondern auch das Streben nach einem neuen Verständnis der Beziehung erfordert. Es ist wichtig zu betonen, dass Vergebung nicht dasselbe ist wie das Vergessen des Verrats. Vielmehr bedeutet es, die Vergangenheit zu akzeptieren und einen Schritt in Richtung einer möglichen zukünftigen Beziehung zu machen. Dies kann dazu beitragen, die betroffenen Personen emotional zu entlasten und ihnen die

Möglichkeit zu geben, eine neue Basis für ihre Interaktionen zu finden.

Definitiv ist die Wiederherstellung von Vertrauen nach Verrat eine herausfordernde, aber lohnenswerte Reise. Es erfordert Engagement, Ehrlichkeit und die Bereitschaft, verletzlich zu sein. Während nicht alle Beziehungen nach einem Verrat wiederhergestellt werden können, bietet der Prozess der Wiederherstellung die Möglichkeit, tiefere Einblicke in die eigene Psyche und die Dynamik menschlicher Beziehungen zu gewinnen. Indem Menschen lernen, mit Verrat umzugehen, können sie nicht nur ihr eigenes Vertrauen in andere wiederherstellen, sondern auch ein besseres Verständnis für die Komplexität von Loyalität und Verrat entwickeln.

Die Rolle von Schuld und Scham in der menschlichen Psyche

Schuld als Motivator für Betrug

Schuld spielt eine zentrale Rolle in der Psychologie des Betrugs und kann als ein mächtiger Motivator für verräterisches Verhalten fungieren. Wenn Individuen mit einem Gefühl der Schuld konfrontiert werden, insbesondere in Bezug auf die Verletzung sozialer Normen oder persönlicher Werte, kann dies zu einem inneren Konflikt führen. Dieser Konflikt kann die Menschen dazu bringen, Entscheidungen zu treffen, die ihren moralischen Überzeugungen widersprechen, um die wahrgenommene Schuld zu bewältigen oder zu kompensieren. Oft geschieht dies, indem man das eigene Verhalten rationalisiert oder die Verantwortung auf andere abwälzt.

In vielen Fällen ist die Schuld, die durch eigene Handlungen oder Unterlassungen entsteht, so überwältigend, dass die Betroffenen versuchen, diese durch betrügerisches Verhalten zu mindern. Zum Beispiel könnte jemand, der in einer finanziellen Notlage ist, sich entschließen, Geld zu stehlen oder zu betrügen, um die eigene Schuld zu verringern, die durch das Versagen in der Verantwortung gegenüber Familie oder Freunden entsteht. Diese Form des Betrugs wird häufig als ein Versuch gedeutet, die Kontrolle über eine unübersichtliche Situation zurückzugewinnen, während die Schuldgefühle gleichzeitig das Risiko des Verrats verstärken.

Zusätzlich beeinflusst die Gruppendynamik die Beziehung zwischen Schuld und Betrug. Wenn Individuen in einem sozialen Kontext stehen, in dem betrügerisches Verhalten toleriert oder gar gefördert wird, kann dies zu einem Gefühl der Entlastung führen. In solchen Fällen erleben Menschen oft ein vermindertes Schuldgefühl, da das Verhalten als normgerecht innerhalb der Gruppe wahrgenommen wird.

Dies verdeutlicht, wie Gruppenzwang moralische Entscheidungen stark beeinflussen kann und wie Menschen, die unter Druck stehen, eher bereit sind, ihre Werte zu verraten, um sich anzupassen.

Die Rolle von Schuld und Scham ist auch entscheidend in der Analyse von zwischenmenschlichen Beziehungen. Wenn eine Person einen anderen verrät, kann dies zu intensiven Schuldgefühlen führen, die die Beziehung weiter belasten. Diese Schuld kann sowohl den Verräter als auch das Opfer beeinflussen, da der Verräter oft versucht, die eigene Unzulänglichkeit zu bewältigen, während das Opfer mit dem Gefühl des Vertrauensbruchs kämpft. In diesem Zusammenhang ist es wichtig zu erkennen, dass die Verarbeitung von Schuld und die Suche nach Vergebung entscheidend sind, um die Dynamik zwischen den Betroffenen zu verstehen.

Letztendlich ist der innere Konflikt zwischen Loyalität und persönlichen Interessen ein treibender Faktor für betrügerisches Verhalten. Wenn Individuen in Situationen geraten, in denen sie zwischen der Treue zu einer Person oder einer Gruppe und ihren eigenen Bedürfnissen wählen müssen, kann die Schuld, die mit einer Entscheidung verbunden ist, sie in die Irre führen. Diese ambivalente Beziehung zu Schuld und Loyalität zeigt, wie tiefverwurzelt der Verrat in der menschlichen Psyche ist und wie wichtig es ist, diese psychologischen Aspekte zu verstehen, um die

Komplexität menschlicher Beziehungen und das Potenzial für Verrat zu erfassen.

Scham und ihre Auswirkungen auf das Verhalten

Scham ist ein tief verwurzeltes Gefühl, das in der menschlichen Psyche eine zentrale Rolle spielt. Sie entsteht oft aus der Wahrnehmung, den eigenen moralischen Standards oder den Erwartungen der Gesellschaft nicht gerecht zu werden. In zwischenmenschlichen Beziehungen kann Scham sowohl als Auslöser für Verrat fungieren als auch dessen Konsequenzen verstärken. Menschen, die sich geschämt fühlen, neigen dazu, ihre Emotionen zu verbergen und sich von anderen zurückzuziehen, was zu einer Spirale der Isolation und des Misstrauens führen kann. Diese Dynamik schafft ein fruchtbares Terrain für Verrat, da die Betroffenen oft versuchen, ihre Scham durch fragwürdige Entscheidungen zu kompensieren.

Die Auswirkungen von Scham auf das Verhalten sind vielfältig und komplex. Menschen, die unter starkem Schamgefühl leiden, können impulsiv handeln, um sich aus ihrer peinlichen Situation zu befreien. Dies kann zu moralischen Kompromissen und letztendlich zu Verrat führen. Der innere Konflikt zwischen Loyalität und persönlichen Interessen wird durch Scham verstärkt, da die

Betroffenen oft das Gefühl haben, ihre eigenen Bedürfnisse zum Wohle anderer opfern zu müssen. Gleichzeitig kann Scham auch zu einer Überkompensation führen, wo Individuen versuchen, sich durch übermäßige Loyalität oder altruistisches Verhalten zu rehabilitieren.

In Gruppensituationen spielt Scham eine entscheidende Rolle bei der Entstehung von Gruppenzwang. Menschen, die sich unsicher oder unzulänglich fühlen, sind anfälliger für den Druck, sich der Gruppe anzupassen. Dies kann dazu führen, dass sie Entscheidungen treffen, die sie normalerweise ablehnen würden, einschließlich des Betrugs oder Verrats an anderen. Die Angst vor Ablehnung und das Bedürfnis, dazuzugehören, können so stark werden, dass sie die individuellen moralischen Überzeugungen überlagern. Das Schamgefühl wird hier zum Katalysator für Handlungen, die im Widerspruch zu den eigenen Werten stehen.

Scham hat auch tiefgreifende Auswirkungen auf das Vertrauen in zwischenmenschliche Beziehungen. Wenn Menschen verraten werden, kann dies nicht nur Scham bei den Tätern hervorrufen, sondern auch bei den Opfern, die sich fragen, ob sie etwas hätten anders machen können. Diese gegenseitige Scham kann zu einer toxischen Dynamik führen, in der beide Parteien in einem Kreislauf von Misstrauen und Verletztheit gefangen sind. Vertrauen, das einmal gebrochen wurde, ist schwer wiederherzustellen, besonders wenn Scham im Spiel ist. Oft bleibt ein Gefühl der Enttäuschung zurück, das die Fähigkeit, zukünftige Beziehungen einzugehen, erheblich beeinträchtigen kann.

Zuletzt ist die Rolle von Schuld und Scham in der Verarbeitung von Verrat und der Suche nach Vergebung untrennbar miteinander verbunden. Während Schuld oft mit dem Bewusstsein für eine falsche Handlung einhergeht, ist Scham tiefer verwurzelt und betrifft das Selbstbild. Der Wiederherstellungsprozess nach einem Verrat erfordert ein Verständnis dieser beiden Emotionen und ihrer Auswirkungen auf das Verhalten. Die Fähigkeit zur Vergebung hängt nicht nur von der Einsicht des Täters in seine Taten ab, sondern auch von der Fähigkeit des Opfers, seine eigene Scham zu überwinden und einen Weg zur Heilung zu finden. In diesem Kontext wird deutlich, dass Scham nicht nur eine individuelle Erfahrung, sondern auch ein sozialer Faktor ist, der das kollektive Verhalten und die moralischen Entscheidungen innerhalb einer Gemeinschaft beeinflusst.

Bewältigungsmechanismen für Schuld und Scham

Bewältigungsmechanismen für Schuld und Scham sind zentrale Themen in der psychologischen Analyse von Verrat und dessen Auswirkungen auf zwischenmenschliche

Beziehungen. Schuld und Scham sind emotionale Reaktionen, die häufig entstehen, wenn Individuen gegen ihre eigenen moralischen Standards oder gesellschaftlichen Normen verstoßen. Diese Gefühle sind nicht nur schmerzhaft, sondern können auch tiefgreifende Auswirkungen auf das Verhalten und die Entscheidungen einer Person haben. Um mit diesen Emotionen umzugehen, entwickeln Menschen unterschiedliche Bewältigungsmechanismen, die sowohl adaptive als auch maladaptive Formen annehmen können.

Eine der häufigsten Strategien zur Bewältigung von Schuld ist die Rationalisierung. Personen neigen dazu, ihr Verhalten zu rechtfertigen, indem sie die Umstände, die zu ihrem Verrat geführt haben, umdeuten. Diese Abwehrmechanismus ermöglicht es dem Individuum, seine Handlungen in einem weniger negativen Licht zu sehen und sich somit von der Last der Schuld zu befreien. Während Rationalisierung kurzfristig Erleichterung verschaffen kann, verhindert sie oft eine tiefere Auseinandersetzung mit den moralischen Implikationen des eigenen Verhaltens und kann langfristig zu wiederholtem verräterischem Verhalten führen.

Scham hingegen kann oft zu einem Rückzug aus sozialen Beziehungen führen. Menschen, die sich schämen, empfinden häufig ein starkes Verlangen, sich zu isolieren und nicht mit anderen in Kontakt zu treten. Diese Form der Bewältigung kann als eine Art Selbstbestrafung verstanden werden, in der Hoffnung, dass die Abkehr von sozialen Interaktionen die Konsequenzen ihrer Taten mildern könnte. Allerdings kann diese Strategie das Gefühl der Einsamkeit verstärken und die Fähigkeit beeinträchtigen, gesunde zwischenmenschliche Beziehungen aufrechtzuerhalten. Die Herausforderungen, die mit Scham verbunden sind, erfordern oft ein unterstützendes Umfeld, um den Betroffenen zu helfen, ihre Gefühle zu verarbeiten und zu überwinden.

Ein effektiverer Bewältigungsmechanismus könnte die direkte Auseinandersetzung mit den eigenen Gefühlen von Schuld und Scham sein. Indem Individuen ihre Emotionen anerkennen und offen darüber sprechen, können sie ein besseres Verständnis für die zugrunde liegenden Ursachen ihrer Handlungen gewinnen. Therapeutische Ansätze, wie beispielsweise die kognitive Verhaltenstherapie, können Werkzeuge bieten, um Schuld und Scham zu verarbeiten und gesunde Verhaltensänderungen zu fördern. Dieser Prozess kann auch den Weg zur Vergebung ebnen, sowohl sich selbst als auch anderen, die möglicherweise von den eigenen Handlungen betroffen sind.

So ist es wichtig zu betonen, dass die Auseinandersetzung mit Schuld und Scham nicht nur eine individuelle Herausforderung darstellt, sondern auch in einem größeren sozialen Kontext betrachtet werden muss. Gruppenzwang und gesellschaftliche Normen können die Wahrnehmung von Schuld und Scham verstärken oder mildern. Ein unterstützendes soziales Umfeld kann dazu beitragen, gesunde Bewältigungsmechanismen zu fördern und die negativen Auswirkungen von Verrat zu mildern. Die psychologische Analyse dieser Mechanismen bietet wertvolle Einblicke in die komplexe Dynamik menschlichen Verhaltens und die Herausforderungen, die mit moralischen Entscheidungen in zwischenmenschlichen Beziehungen verbunden sind.

Die Auswirkungen von Enttäuschung auf das Vertrauen in andere

Enttäuschung als Katalysator für Verrat

Enttäuschung ist ein tiefgreifendes Gefühl, das in zwischenmenschlichen Beziehungen eine entscheidende Rolle spielt. Wenn Erwartungen nicht erfüllt werden, kann dies nicht nur zu Traurigkeit, sondern auch zu einem tiefen inneren Konflikt führen. Dieser Konflikt manifestiert sich häufig in einem Gefühl der Entfremdung und kann die Loyalität gegenüber anderen stark in Frage stellen. Die Enttäuschung kann eine Katalysatorfunktion einnehmen, die Menschen dazu bringt, ihre Bindungen zu hinterfragen und letztlich zu verraten. In diesem Kontext wird der Verrat nicht nur als untreue Handlung, sondern auch als psychologisches Überlebensinstrument betrachtet.

Die Psychologie des Verrats ist eng mit der Verarbeitung von Enttäuschung verknüpft. Menschen, die sich verraten fühlen, erleben oft eine Reihe von emotionalen Reaktionen, die von Wut über Trauer bis hin zu Schuld reichen. Diese Emotionen können eine Abwärtsspirale erzeugen, in der das Bedürfnis nach Rache oder Vergeltung überwiegt. In vielen Fällen wird der Verrat als eine Möglichkeit gesehen, Macht zurückzugewinnen, die durch die Enttäuschung verloren ging. Hierbei wird der Verrat nicht nur als Akt gegen eine andere Person, sondern auch als Akt gegen das eigene Moralverständnis interpretiert.

Gruppenzwang spielt ebenfalls eine zentrale Rolle in der Dynamik von Enttäuschung und Verrat. In sozialen Gruppen kann der Druck, sich den Erwartungen anzupassen, stark sein. Wenn eine Person sich enttäuscht fühlt, kann der Wunsch, sich von dieser negativen Erfahrung zu distanzieren, zu einem Verrat an den eigenen Werten führen. Die Entscheidung, sich gegen andere zu stellen, wird oft als notwendig erachtet, um den eigenen sozialen Status oder die Zugehörigkeit zu retten. Diese Dynamik verdeutlicht, wie tief verwurzelt die menschliche Psyche in sozialen Kontexten ist und wie schnell sie von Enttäuschungen beeinflusst werden kann.

Die Rolle von Schuld und Scham ist ebenfalls nicht zu unterschätzen. Diese Emotionen treten häufig auf, nachdem jemand verraten hat oder selbst enttäuscht wurde. Schuldgefühle können zu einem inneren Zwiespalt führen, in dem die Loyalität gegenüber anderen gegen die eigenen Interessen abgewogen wird. In vielen Fällen kann diese innere Zerrissenheit dazu führen, dass Menschen sich noch weiter von ihren ursprünglichen Werten entfernen, was den Kreislauf von Enttäuschung und Verrat weiter verstärkt. Es ist ein ständiges Ringen zwischen dem Bedürfnis nach Akzeptanz und dem Streben nach moralischer Integrität.

Abschließend lässt sich sagen, dass Enttäuschung als Katalysator für Verrat sowohl in persönlichen als auch in sozialen Beziehungen tiefgreifende Auswirkungen hat. Die psychologischen Aspekte, die mit dieser Dynamik verbunden sind, zeigen, dass der Verrat oft weniger eine bewusste Entscheidung als vielmehr eine Reaktion auf innere Konflikte und äußeren Druck ist. Das Verständnis dieser Zusammenhänge ist entscheidend, um die Mechanismen des Verrats besser zu begreifen und letztlich Wege zur Heilung und Vergebung zu finden.

Vertrauen wieder herstellen

Vertrauen wieder herstellen ist ein komplexer Prozess, der tief in der menschlichen Psyche verwurzelt ist. Nach einem Verrat, sei es in persönlichen Beziehungen oder innerhalb sozialer Gruppen, wird das Fundament des Vertrauens erschüttert. Menschen, die betrogen wurden, erleben häufig ein tiefes Gefühl der Enttäuschung und Verwirrung. Diese Emotionen sind nicht nur psychologisch belastend, sondern können auch zu einem Rückzug von sozialen Interaktionen führen. Um Vertrauen wieder aufzubauen, müssen sowohl der Verräter als auch der Betrogene bereit sein, an ihrer Beziehung zu arbeiten und die zugrunde liegenden Konflikte offen zu besprechen.

Ein entscheidender Schritt im Prozess des Vertrauensaufbaus ist die Auseinandersetzung mit den eigenen Gefühlen von Schuld und Scham. Für den Verräter kann es äußerst herausfordernd sein, sich den Konsequenzen seines Handelns zu stellen. Oft kommt es zu einem inneren Konflikt zwischen Loyalität gegenüber anderen und dem eigenen persönlichen Interesse. Diese Spannungen müssen erkannt und adressiert werden, um eine Basis für eine ehrliche Kommunikation zu schaffen. Der Betrogene hingegen muss lernen, mit den emotionalen Wunden umzugehen, die durch den Verrat entstanden sind. Dies erfordert Zeit, Reflexion und den Wunsch, die Beziehung nicht vorschnell abzubrechen.

Die Rolle von Gruppenzwang spielt ebenfalls eine bedeutende Rolle bei der Wiederherstellung von Vertrauen. In vielen Fällen ist Verrat nicht nur eine individuelle Entscheidung, sondern wird auch durch externe soziale Einflüsse verstärkt. Das Bewusstsein über diese Dynamiken kann helfen, die Motivation hinter dem Verrat besser zu verstehen. Wenn die beteiligten Personen in der Lage sind, diese Einflüsse zu erkennen, können sie gemeinsam daran arbeiten, ein unterstützendes Umfeld zu schaffen, das Vertrauen fördert und Rückfälle in verräterisches Verhalten minimiert.

Ein weiterer wichtiger Aspekt ist die Psychologie der Vergebung. Der Prozess der Vergebung ist oft langwierig und erfordert eine ehrliche Auseinandersetzung mit den eigenen Schmerzpunkten. Es ist jedoch wichtig, dass sowohl der Betrogene als auch der Verräter die Möglichkeit haben, ihre Perspektiven zu teilen. Diese Dialoge können helfen, Missverständnisse auszuräumen und Empathie füreinander zu entwickeln. Der Aufbau von Verständnis und Mitgefühl ist entscheidend, um die emotionalen Barrieren zu überwinden, die nach einem Verrat entstehen.

Letztlich ist die Wiederherstellung von Vertrauen ein dynamischer Prozess, der sowohl individuelle als auch gemeinsame Anstrengungen erfordert. Es ist wichtig, realistische Erwartungen zu haben und sich bewusst zu sein, dass der Weg zur Heilung oft von Rückschlägen geprägt sein kann. Dennoch ist es möglich, durch Geduld, Kommunikation und das Streben nach gegenseitigem Verständnis eine neue Grundlage für Vertrauen zu schaffen. Der Prozess kann zwar herausfordernd sein, aber die Belohnung ist eine tiefere und authentischere Beziehung, die auf ehrlicher Kommunikation und Respekt basiert.

Langfristige Folgen von Enttäuschung

Enttäuschung ist eine universelle Erfahrung, die in den tiefsten Schichten der menschlichen Psyche verankert ist. Ihre Auswirkungen können weitreichend und nachhaltig sein, insbesondere in zwischenmenschlichen Beziehungen. Wenn Menschen enttäuscht werden, sei es durch Verrat, unerfüllte Erwartungen oder gebrochene Versprechen, entstehen emotionale Narben, die das Vertrauen in andere erheblich beeinträchtigen können. Diese Verletzungen führen oft zu einem tiefen Gefühl der Isolation und einer pessimistischen Sicht auf zukünftige Beziehungen, was letztlich das soziale Leben und die emotionale Gesundheit des Individuums negativ beeinflusst.

Ein zentrales Element der Enttäuschung ist die Kluft zwischen den Erwartungen und der Realität. Diese Diskrepanz kann zu einem inneren Konflikt führen, der Loyalität und persönliche Interessen gegeneinander ausspielt. Menschen, die von anderen enttäuscht wurden, neigen dazu, ihre eigenen Werte und Überzeugungen in Frage zu stellen. Sie kämpfen mit Schuld- und Schamgefühlen, die die Verarbeitung von Enttäuschung komplizierter machen. Dieser innere Konflikt kann dazu führen, dass Betroffene defensive Mechanismen entwickeln, um sich vor weiteren Verletzungen zu schützen, was die Fähigkeit zur Empathie und zur authentischen Verbindung zu anderen beeinträchtigt.

Die Auswirkungen von Enttäuschung sind nicht nur emotional, sondern auch psychologisch. Sie können zu einem tiefen Misstrauen gegenüber anderen Menschen führen, was wiederum das Potenzial für gesunde Beziehungen einschränkt. Diese Skepsis wird häufig durch Gruppenzwang und gesellschaftliche Normen verstärkt, die bestimmte Verhaltensweisen als akzeptabel oder inakzeptabel definieren. In solchen Kontexten kann die Angst vor weiterer Enttäuschung dazu führen, dass Individuen ihre moralischen Entscheidungen anpassen, oft zum Nachteil ihrer eigenen Integrität und des Wohlergehens ihrer sozialen Beziehungen.

Die langfristigen Folgen von Enttäuschungen manifestieren sich auch in der Art und Weise, wie Menschen Vergebung wahrnehmen. Der Prozess der Vergebung kann durch tief verwurzelte Traumata, die aus enttäuschenden Erfahrungen resultieren, erheblich erschwert werden. Die Frage, ob Verrat geheilt werden kann, wird zu einem zentralen Thema, das nicht nur das Individuum betrifft, sondern auch die Gemeinschaften, in denen es lebt. Ein Mangel an Vergebung kann zu einem Kreislauf von Enttäuschung und Verrat führen, der soziale Strukturen destabilisiert und das kollektive Vertrauen untergräbt.

Um die langfristigen Folgen von Enttäuschung zu überwinden, ist es wichtig, sich mit den psychologischen Aspekten auseinanderzusetzen, die zu diesen Emotionen führen. Die Entwicklung von Resilienz und die Fähigkeit, aus Enttäuschungen zu lernen, sind entscheidend, um die eigene psychische Gesundheit zu fördern und die Qualität zwischenmenschlicher Beziehungen zu verbessern. Durch die Auseinandersetzung mit den eigenen Erfahrungen und die Förderung eines offenen Dialogs über Schmerz und Enttäuschung können Individuen nicht nur ihr eigenes Vertrauen in andere wiederherstellen, sondern auch einen positiven Einfluss auf ihre Umgebung ausüben.

Der innere Konflikt: Loyalität versus persönliche Interessen

Die Psychologie der Loyalität

Die Loyalität ist ein komplexes psychologisches Phänomen, das tief in der menschlichen Natur verwurzelt ist. Sie wird oft als Tugend angesehen, die Beziehungen stärkt und Gemeinschaften zusammenhält. Doch hinter dieser positiven Fassade verbirgt sich eine ambivalente Realität, in der Loyalität sowohl als Bindemittel als auch als potenzieller Auslöser für Verrat fungieren kann. Die Psychologie der Loyalität untersucht, wie und warum Menschen sich an andere binden und welche Bedingungen diese Bindungen formen. In diesem Kontext ist es wichtig, die Mechanismen zu verstehen, die Loyalität fördern, sowie die inneren Konflikte, die sie hervorrufen kann.

Ein zentraler Aspekt der Loyalität ist der Einfluss von Gruppenzwang auf individuelle Entscheidungen. Menschen sind soziale Wesen, die oft dazu neigen, sich den Normen und Erwartungen ihrer Gruppe anzupassen. Diese Anpassung kann zu einer starken Loyalität gegenüber der Gruppe führen, die sowohl positive als auch negative Konsequenzen hat. Während Loyalität in vielen Fällen das Gefühl von Zugehörigkeit und Sicherheit stärken kann, birgt sie auch die Gefahr, dass Individuen gegen ihre eigenen moralischen Überzeugungen handeln, um die Akzeptanz ihrer Gruppe zu bewahren. In solchen Situationen wird Loyalität zur Quelle innerer Konflikte, da die Individuen zwischen der Treue zu ihrer Gruppe und ihrem persönlichen moralischen Kompass hin- und hergerissen sind.

Die Rolle von Schuld und Scham ist ein weiterer wichtiger Faktor in der Psychologie der Loyalität. Wenn Loyalität zur Rechtfertigung von unethischem Verhalten führt, können Schuld und Scham als starke emotionale Reaktionen auftreten. Diese Gefühle können die Loyalität sowohl verstärken als auch untergraben. Auf der einen Seite kann die Angst vor Ablehnung oder Verlust der Zugehörigkeit die Menschen dazu bringen, ihre Loyalität aufrechtzuerhalten, selbst wenn sie sich dabei unwohl fühlen. Auf der anderen Seite können Schuld und Scham als Katalysatoren für eine kritische Neubewertung der Loyalität dienen, was möglicherweise zu einem Bruch dieser Bindungen führt.

Ein weiterer wichtiger Aspekt ist der innere Konflikt zwischen Loyalität und persönlichen Interessen. Oft sehen sich Menschen in Situationen, in denen ihre Loyalität zu einer Person oder Gruppe mit ihren eigenen Bedürfnissen oder Zielen in Konflikt steht. Dieser Konflikt kann zu einer tiefen emotionalen Zerrissenheit führen, in der die Betroffenen entscheiden müssen, ob sie ihrer Loyalität treu bleiben oder ihre eigenen Interessen verfolgen. Die Entscheidung, die Loyalität aufrechtzuerhalten oder zu brechen, kann weitreichende Konsequenzen für das Individuum und die Beziehungen zu anderen haben.

Abschließend lässt sich feststellen, dass die Psychologie der Loyalität eine facettenreiche Untersuchung der menschlichen Beziehungen erfordert. Sie wirft Fragen auf über die Natur des Vertrauens, die Dynamik von Gruppen und die komplexen emotionalen Prozesse, die hinter Loyalitätsentscheidungen stehen. Um die Mechanismen von Verrat und Loyalität vollständig zu verstehen, ist es entscheidend, diese psychologischen Aspekte zu beleuchten und die emotionalen Konflikte zu analysieren, die in zwischenmenschlichen Beziehungen auftreten. Die Erkenntnisse aus dieser Analyse können nicht nur dazu beitragen, die Dynamik von Loyalität und Verrat zu verstehen, sondern auch Wege zur Heilung und Vergebung aufzeigen, die für die Wiederherstellung von Vertrauen in Beziehungen entscheidend sein können.

Interessenkonflikte und ihre Konsequenzen

Interessenkonflikte treten häufig in zwischenmenschlichen Beziehungen auf und können gravierende Konsequenzen für das Vertrauen und die Loyalität haben. Diese Konflikte entstehen, wenn persönliche Interessen mit den Erwartungen oder Bedürfnissen anderer in Konflikt geraten. In vielen

Fällen führt dies zu einem inneren Zwiespalt, der die betroffenen Personen unter Druck setzt, Entscheidungen zu treffen, die nicht nur ihre eigenen Werte in Frage stellen, sondern auch das Vertrauen ihrer Mitmenschen gefährden. Die psychologischen Aspekte dieser Konflikte sind komplex und vielschichtig, wobei oft Schuld und Scham eine zentrale Rolle spielen.

Die Auswirkungen von Interessenkonflikten können weitreichend sein. Sie reichen von der Zerrüttung von Freundschaften bis hin zu ernsthaften Konflikten innerhalb von Familien oder am Arbeitsplatz. Wenn Menschen ihre eigenen Interessen über die Bedürfnisse anderer stellen, kann dies zu einem Gefühl der Verrat führen, das in der Beziehung tiefe Narben hinterlässt. Oft ist der Verrat nicht einmal absichtlich; vielmehr handelt es sich um unbewusste Entscheidungen, die aus einem Bedürfnis nach Selbstschutz oder Eigeninteresse resultieren. Diese Dynamik zeigt, wie schmal der Grat zwischen Loyalität und persönlichem Gewinn ist.

Die Rolle von Gruppenzwang verstärkt oft die Tendenz, in Interessenkonflikten zu handeln. Menschen neigen dazu, sich den Erwartungen ihrer sozialen Gruppen anzupassen, auch wenn dies bedeutet, ihre eigenen moralischen Überzeugungen zu kompromittieren. Diese Anpassung kann kurzfristig als eine Art Schutzmechanismus erscheinen, führt jedoch häufig zu langfristigen Konsequenzen, die das individuelle und kollektive Vertrauen untergraben. Der Druck, sich einer Gruppe anzupassen, kann die Entscheidungsfindung erheblich beeinflussen und dabei die inneren Konflikte zwischen Loyalität und persönlichen Interessen verschärfen.

Zudem spielt die Verarbeitung von Enttäuschung eine entscheidende Rolle bei der Reaktion auf Interessenkonflikte. Wenn Menschen das Gefühl haben, dass ihre Erwartungen nicht erfüllt werden, können sie sich emotional zurückziehen oder in eine Abwärtsspirale von Misstrauen und Ressentiments geraten. Diese emotionalen Reaktionen können den Kreislauf von Verrat und Enttäuschung weiter verstärken und die Fähigkeit, Vertrauen wiederherzustellen, erheblich beeinträchtigen. In vielen Fällen bleibt die Frage offen, ob und wie verletztes Vertrauen geheilt werden kann.

Insgesamt zeigt die Analyse von Interessenkonflikten und ihren Konsequenzen, dass diese Phänomene tief in der menschlichen Psychologie verwurzelt sind. Sie spiegeln nicht nur individuelle Schwächen wider, sondern auch komplexen sozialen Dynamiken, die unser Verhalten beeinflussen. Das Verständnis dieser Konflikte kann dazu beitragen, Wege zur Überwindung von Verrat und zur Förderung von Vergebung und Heilung zu finden. Es ist eine Herausforderung, den inneren Judas in uns zu erkennen und ihm entgegenzuwirken, um authentische und vertrauensvolle Beziehungen zu pflegen.

Strategien zur Bewältigung innerer Konflikte

Strategien zur Bewältigung innerer Konflikte sind entscheidend, um die psychologischen Aspekte des Verrats zu verstehen und zu verarbeiten. Innerer Konflikt entsteht häufig an der Schnittstelle zwischen Loyalität und persönlichen Interessen. Menschen stehen vor der Herausforderung, ihre eigenen Bedürfnisse und Werte gegen die Erwartungen und Ansprüche ihrer sozialen Gruppen abzuwägen. Eine wichtige Strategie zur Bewältigung dieser Konflikte ist die Förderung des Selbstbewusstseins. Indem Individuen ihre eigenen Werte und Prioritäten klar definieren, können sie besser verstehen, was für sie tatsächlich wichtig ist und wie sie in Konfliktsituationen reagieren möchten.

Ein weiterer Ansatz ist die Entwicklung von Empathie. Die Fähigkeit, sich in die Perspektive anderer hineinzuversetzen, kann helfen, die eigenen Entscheidungen in einem größeren sozialen Kontext zu betrachten. Wenn Menschen die Auswirkungen ihres Verhaltens auf andere erkennen, sind sie möglicherweise eher bereit, loyale Entscheidungen zu treffen, die im Einklang mit ihren moralischen Überzeugungen stehen. Dies kann auch dazu beitragen, Schuld- und Schamgefühle zu lindern, die oft mit Verrat einhergehen, indem ein besseres Verständnis für die Komplexität zwischenmenschlicher Beziehungen geschaffen wird.

Die Kommunikation spielt ebenfalls eine entscheidende Rolle bei der Bewältigung innerer Konflikte. Offene und ehrliche Gespräche können helfen, Missverständnisse auszuräumen und verschiedene Perspektiven zu beleuchten. Durch den Austausch von Gedanken und Gefühlen können Individuen ein Gefühl der Gemeinschaft und des Verständnisses entwickeln, was dazu beitragen kann, den Druck des Gruppenzwangs zu verringern. Eine solche Dialogkultur fördert nicht nur die persönliche Integrität, sondern auch das Vertrauen innerhalb von Beziehungen.

Strategien zur Konfliktbewältigung sollten auch die Akzeptanz von Trauer und Enttäuschung einbeziehen. Verrat und Enttäuschungen sind schmerzhafte Erfahrungen, die oft zu inneren Konflikten führen. Menschen müssen lernen, diese Emotionen zuzulassen und zu verarbeiten, anstatt sie zu verdrängen. Therapeutische Ansätze, wie die kognitive Verhaltenstherapie, können dabei helfen, die Gedankenmuster zu identifizieren, die zu inneren Konflikten führen, und neue, gesunde Wege aufzuzeigen, um mit diesen Gefühlen umzugehen.

Zu guter Letzt ist die Psychologie der Vergebung von zentraler Bedeutung. Die Fähigkeit, sowohl sich selbst als auch anderen zu vergeben, kann ein mächtiges Mittel zur Überwindung innerer Konflikte sein. Vergebung ermöglicht es, die Last von Schuld und Scham abzulegen und fördert eine positive Veränderung im Selbstbild und in den

Beziehungen zu anderen. Indem Individuen lernen, die Komplexität menschlicher Fehler zu akzeptieren, können sie nicht nur ihre eigenen inneren Konflikte bewältigen, sondern auch eine tiefere Verbindung zu anderen aufbauen.

Der Judas-Effekt im Kontext der menschlichen Natur

Der Judas-Effekt ist ein Phänomen, das sich auf die tief verwurzelten menschlichen Emotionen und Verhaltensweisen bezieht, die aus Verrat und Loyalität resultieren. Im Kontext der menschlichen Natur zeigt sich, dass der Verrat nicht nur als eine Handlung des individuellen Fehlverhaltens betrachtet werden kann, sondern auch als ein Ausdruck psychologischer Prozesse, die in sozialen Beziehungen eine zentrale Rolle spielen. Judas Iskariot, der Jünger, der Jesus verraten hat, dient als archetypisches Beispiel für die Komplexität menschlicher Loyalitäten und den inneren Konflikt, der oft mit Verrat einhergeht.

Die menschliche Natur ist von Grund auf ambivalent. Einerseits streben Individuen nach Zugehörigkeit und Akzeptanz innerhalb ihrer sozialen Gruppen, andererseits existiert der Drang, eigene Interessen und Bedürfnisse zu verfolgen. Der Judas-Effekt verdeutlicht, wie diese beiden Kräfte in einem Individuum in Konflikt geraten können. In

Zeiten von Druck oder Verführung können Menschen dazu neigen, ihre Loyalität zu verraten, um persönliche Vorteile zu erlangen. Diese Dynamik ist nicht nur auf historische Figuren beschränkt, sondern zeigt sich auch in modernen gesellschaftlichen Strukturen, in denen moralische Dilemmata häufig auftauchen.

Ein weiterer Aspekt des Judas-Effekts ist die universelle Angst vor Verrat, die in uns allen verankert ist. Psychologische Studien belegen, dass Menschen in einem Umfeld leben, in dem Vertrauen und Loyalität zentral sind. Der Verrat eines Individuums kann nicht nur das Vertrauen innerhalb einer Gruppe destabilisieren, sondern auch weitreichende psychologische Auswirkungen auf die Betroffenen haben. Diese Angst kann zu Misstrauen und Paranoia führen, was letztendlich die zwischenmenschlichen Beziehungen und die soziale Kohäsion gefährdet.

Im Kontext der heutigen Gesellschaft zeigt sich der Judas-Effekt besonders in politischen und wirtschaftlichen Systemen, in denen Loyalität oft gegen persönliche Ambitionen abgewogen wird. Politische Skandale oder wirtschaftliche Verräter sind Beispiele, die das Phänomen verdeutlichen. Diese Aspekte werfen nicht nur Fragen über individuelle Moral auf, sondern auch über die strukturellen Bedingungen, die Verrat begünstigen. Die Analyse von Verrat in diesen Kontexten kann helfen, die Mechanismen zu verstehen, die zu Machtmissbrauch und Vertrauensverlust führen.

Zusammenfassend lässt sich sagen, dass der Judas-Effekt ein komplexes Zusammenspiel von psychologischen, sozialen und kulturellen Faktoren widerspiegelt. Das Verständnis der menschlichen Natur in Bezug auf Verrat bietet nicht nur Einblicke in historische Ereignisse, sondern auch in die Herausforderungen, denen sich moderne Gesellschaften gegenübersehen.

Indem wir die Hintergründe und Auswirkungen des Verrats analysieren, können wir möglicherweise Wege finden, um die Dynamik von Vertrauen und Loyalität in unseren Beziehungen zu stärken, und somit die negativen Folgen des Judas-Effekts minimieren.

Trauma und seine Verbindung zu verräterischem Verhalten

Die Psychologie von Trauma

Die Psychologie von Trauma ist ein zentrales Thema, wenn es um das Verständnis von Verrat und dessen Auswirkungen auf das menschliche Verhalten geht. Trauma kann in vielerlei Formen auftreten, sei es durch physische Gewalt, emotionale

Misshandlung oder durch das Erleben von Verrat selbst. Diese Erfahrungen hinterlassen tiefgreifende Spuren in der Psyche und können das Verhalten einer Person nachhaltig beeinflussen. Insbesondere stellt sich die Frage, wie traumatische Erlebnisse die Wahrnehmung von Loyalität und Verrat verändern und letztlich zu einer verstärkten Neigung führen können, selbst verräterisch zu handeln.

Ein Trauma beeinflusst nicht nur das individuelle Verhalten, sondern auch die zwischenmenschlichen Beziehungen. Menschen, die traumatische Erfahrungen gemacht haben, neigen häufig dazu, ihren Mitmenschen mit Misstrauen zu begegnen. Dieses Misstrauen kann zur Selbstschutzstrategie werden, die jedoch auch die Möglichkeit von Nähe und Vertrauen behindert. Die Angst vor erneutem Verrat kann dazu führen, dass Betroffene in sozialen Situationen defensiv oder sogar aggressiv reagieren. So wird der Kreislauf von Verletzung und Verrat perpetuiert, was die Heilung und das Vertrauen in andere erheblich erschwert.

Gruppenzwang spielt ebenfalls eine entscheidende Rolle im Kontext von Trauma und Verrat. In vielen Fällen können Individuen, die durch Trauma geprägt sind, unter Druck gesetzt werden, sich gegen ihre eigenen moralischen Überzeugungen zu verhalten, um Akzeptanz in einer Gruppe zu finden. Diese Dynamik kann die Verantwortung für verräterisches Verhalten verwischen, da die Betroffenen sich in einem inneren Konflikt zwischen Loyalität zur Gruppe und ihren persönlichen Werten befinden. Der Druck, sich anzupassen, kann dazu führen, dass sie Handlungen ausführen, die sie in einem anderen Kontext als verräterisch empfinden würden.

Schuld und Scham sind emotionale Begleiterscheinungen, die oft mit traumatischen Erlebnissen und den damit verbundenen Verratsgefühlen einhergehen. Diese Emotionen können lähmend wirken und das Selbstwertgefühl erheblich beeinträchtigen. Menschen, die sich schuldig fühlen, neigen dazu, Verhaltensweisen zu entwickeln, die sie weiter von anderen isolieren. Dies kann zu einer Spirale führen, in der die Scham über die eigene Verletzlichkeit und die Angst, erneut verletzt zu werden, das Vertrauen in zwischenmenschliche Beziehungen weiter untergräbt. Die Auseinandersetzung mit Schuld und Scham ist daher ein entscheidender Schritt auf dem Weg zur Heilung.

Letztlich ist die Psychologie von Trauma eng mit der Frage verbunden, ob und wie Verrat geheilt werden kann. Die Möglichkeit der Vergebung spielt eine zentrale Rolle in diesem Prozess. Menschen, die traumatische Erfahrungen gemacht haben, müssen lernen, ihre Verletzungen zu verarbeiten und die Verantwortung für ihr eigenes Verhalten zu reflektieren. Dies erfordert oft professionelle Hilfe und die Bereitschaft, sich mit den eigenen Emotionen auseinanderzusetzen. Die Evolution des Verrats, sowohl auf individueller als auch auf gesellschaftlicher Ebene, zeigt, dass es möglich ist, aus den eigenen Fehlern zu lernen und eine neue Perspektive auf Loyalität, Vertrauen und Vergebung zu entwickeln.

Trauma als Auslöser für Verrat

Trauma kann als einer der tiefgreifendsten Auslöser für Verrat betrachtet werden. In vielen Fällen entstehen Verrat und illoyales Verhalten aus den Schatten der eigenen Erfahrungen, insbesondere wenn diese Erfahrungen traumatischer Natur sind. Menschen, die in ihrer Kindheit oder Jugend schweren emotionalen oder physischen Missbrauch erlitten haben, entwickeln häufig Verhaltensmuster, die von Misstrauen und der Angst vor Verletzungen geprägt sind. Diese tief verwurzelten Ängste können dazu führen, dass sie sich in kritischen Momenten gegen andere wenden, um sich selbst zu schützen oder um ihre eigenen Wunden zu verbergen.

Der innere Konflikt zwischen Loyalität und persönlichen Interessen verstärkt sich oft in traumatisierten Individuen. Sie haben gelernt, dass Beziehungen unvorhersehbar und potenziell gefährlich sind. Daher können sie in Situationen, in denen sie sich bedroht fühlen oder ihre Bedürfnisse nicht erfüllt sehen, zu einem Verrat neigen, um sich zu retten oder um Macht zurückzugewinnen. Diese Dynamik führt dazu, dass Loyalität nicht nur als moralisches Gebot, sondern auch als Risiko wahrgenommen wird, was die Wahrscheinlichkeit von Verrat in zwischenmenschlichen Beziehungen erhöht.

Gruppenzwang spielt ebenfalls eine bedeutende Rolle, insbesondere bei Menschen, die traumatische Erfahrungen gemacht haben. In dem Bestreben, dazuzugehören und Akzeptanz zu finden, sind sie oft bereit, ihre eigenen moralischen Überzeugungen zu opfern. Diese blinde Anpassung kann zu Verrat führen, nicht nur an anderen, sondern auch an sich selbst. Die Notwendigkeit, Teil einer Gruppe zu sein, kann das Gefühl der Loyalität übersteuern und dazu führen, dass Individuen Handlungen begehen, die sie später bereuen.

Die psychologischen Auswirkungen von Verrat sind tiefgreifend und oft langanhaltend. Schuld und Scham sind häufige Begleiter von verräterischem Verhalten. Menschen, die andere verraten haben, leiden oft unter einem inneren Konflikt, der aus der Diskrepanz zwischen ihren Handlungen und ihrem Selbstbild resultiert. Diese Emotionen können zu einem Kreislauf der Selbstbestrafung führen, der das Gefühl der Isolation und der Unwürdigkeit verstärkt. In vielen Fällen ist der Wunsch nach Vergebung, sowohl von sich selbst als auch von anderen, ein zentraler Aspekt im Prozess der Heilung.

Die Verbindung zwischen Trauma und verräterischem Verhalten ist komplex und erfordert ein tiefes Verständnis der menschlichen Psyche. Während Verrat oft als bewusste Entscheidung wahrgenommen wird, sind die zugrunde liegenden Ursachen häufig vielschichtig und beeinflusst von vergangenen Erfahrungen. Eine umfassende psychologische Analyse kann helfen, diese Verhaltensmuster zu entschlüsseln und Wege zur Vergebung und Heilung anzubieten. Letztlich kann die Auseinandersetzung mit den eigenen Traumata eine entscheidende Rolle dabei spielen, die Fähigkeit zu entwickeln, Vertrauen wieder aufzubauen und loyale Beziehungen zu pflegen.

Heilungsprozesse nach Trauma

Heilungsprozesse nach Trauma sind komplexe und vielschichtige Vorgänge, die individuell unterschiedlich verlaufen. Ein Trauma, oft ausgelöst durch Verrat oder tiefgreifende zwischenmenschliche Konflikte, kann nicht nur das individuelle Selbstverständnis, sondern auch die Wahrnehmung von Beziehungen und Vertrauen nachhaltig beeinträchtigen. Die Auseinandersetzung mit den emotionalen und psychologischen Narben, die durch solche Erfahrungen entstehen, ist ein entscheidender Schritt auf dem Weg zur Heilung. Dabei spielt die Reflexion über die eigene

Rolle im Geschehen eine wesentliche Rolle, da sie den Betroffenen ermöglicht, sich mit den Gefühlen von Schuld und Scham auseinanderzusetzen.

Der erste Schritt im Heilungsprozess besteht häufig darin, das Trauma zu benennen und zu akzeptieren. Die Anerkennung des erlittenen Schadens ist unerlässlich, um die damit verbundenen Emotionen zu verarbeiten. Viele Menschen neigen dazu, ihre Schmerzen zu verdrängen oder zu minimieren, was jedoch zu einer Verstärkung der inneren Konflikte führen kann. In diesem Kontext ist es wichtig, ein unterstützendes Umfeld zu schaffen, in dem die Betroffenen ihre Erfahrungen teilen können. Gruppentherapien oder Selbsthilfegruppen bieten oft einen geschützten Raum, in dem sich Individuen über ihre Kämpfe austauschen und voneinander lernen können.

Ein weiterer zentraler Aspekt des Heilungsprozesses ist die Entwicklung von Resilienz. Diese Fähigkeit, trotz der erlebten Traumata wieder aufzustehen und weiterzumachen, ist entscheidend für die langfristige psychische Gesundheit. Resilienz kann durch verschiedene Techniken gefördert werden, wie etwa Achtsamkeit, positive Selbstgespräche und das Setzen realistischer Ziele. Indem die Betroffenen lernen, ihre inneren Ressourcen zu aktivieren und zu stärken, können sie den Einfluss des Traumas auf ihr Leben verringern und ein Gefühl der Kontrolle zurückgewinnen.

Ein elementarer Bestandteil der Heilung ist auch die Auseinandersetzung mit der Frage der Vergebung. Vergebung ist ein vielschichtiger Prozess, der nicht nur die Beziehung zu den Tätern, sondern auch die Beziehung zu sich selbst beeinflusst. Die Fähigkeit, zu vergeben, kann als ein Akt der Befreiung angesehen werden, der es den Betroffenen ermöglicht, die Last des Traumas abzulegen. Gleichzeitig ist es wichtig zu betonen, dass Vergebung nicht bedeutet, das Verhalten des Verräters zu entschuldigen oder zu vergessen. Vielmehr geht es darum, sich selbst von der emotionalen Last zu befreien, um die eigene Heilung voranzutreiben.

Schließlich ist die Integration der erlebten Erfahrungen in das eigene Leben entscheidend für die vollständige Heilung. Dies kann durch kreative Ausdrucksformen wie Schreiben, Malen oder Musizieren geschehen, die den Menschen helfen, ihre Gefühle zu externalisieren und zu verarbeiten. Darüber hinaus ist es wichtig, neue Perspektiven zu entwickeln, die es ermöglichen, aus den erlebten Traumen zu lernen. Indem man die Lektionen, die aus diesen schmerzhaften Erfahrungen gewonnen werden, in den Alltag integriert, kann ein tieferes Verständnis für die menschliche Natur und die Dynamik von Verrat und Loyalität entstehen. So wird der Heilungsprozess nicht nur zu einer persönlichen Reise, sondern auch zu einem Weg, die eigene Identität und das Verhältnis zu anderen zu transformieren.

Die Psychologie der Vergebung: Kann Verrat geheilt werden?

Der Prozess der Vergebung

Der Prozess der Vergebung ist ein komplexer und vielschichtiger Vorgang, der tief in der menschlichen Psyche verwurzelt ist. Vergebung ist nicht nur eine moralische Entscheidung, sondern auch ein psychologischer Prozess, der sowohl den Täter als auch das Opfer betrifft. In zwischenmenschlichen Beziehungen, in denen Verrat und Enttäuschung oft unvermeidlich sind, kann die Fähigkeit zu vergeben entscheidend für die Wiederherstellung von Vertrauen und die Heilung von emotionalen Wunden sein. Der Prozess erfordert Zeit, Reflexion und oft auch eine Auseinandersetzung mit eigenen Gefühlen von Schuld und Scham.

Zunächst müssen wir verstehen, dass Vergebung nicht das Gleiche ist wie die Billigung des verletzenden Verhaltens. Es ist eine bewusste Entscheidung, die negativen Emotionen, die durch den Verrat entstanden sind, loszulassen. Diese Entscheidung kann oft nur nach einer Phase intensiven emotionalen Schmerzes getroffen werden. Das Opfer muss sich mit seinen eigenen Gefühlen auseinandersetzen und erkennen, wie der Verrat seine Wahrnehmung von sich selbst und von anderen beeinflusst hat. Diese Auseinandersetzung kann schmerzhaft sein, ist jedoch notwendig, um die eigene emotionale Gesundheit zu bewahren.

Ein wichtiger Aspekt des Vergebungsprozesses ist die Reflexion über die Motive des Täters. Oft wird der Verrat durch äußere Umstände oder innerpsychologische Konflikte verursacht, die sowohl für den Verräter als auch für das Opfer von Bedeutung sind. Das Verständnis dieser Motive kann helfen, Empathie zu entwickeln und die eigene Wut und Enttäuschung zu mindern. Diese Empathie ist ein zentraler Bestandteil der Vergebung und kann es dem Opfer ermöglichen, die Situation aus einer anderen Perspektive zu betrachten, was den Heilungsprozess unterstützt.

Dennoch ist der Weg zur Vergebung nicht immer geradlinig. Viele Menschen kämpfen mit inneren Konflikten, insbesondere wenn Loyalität und persönliche Interessen aufeinanderprallen. Der Druck, in bestimmten sozialen Gruppen zu akzeptieren, kann zu Verrat führen, aber auch die Erwartung, loyal zu sein, kann den Vergebungsprozess erschweren. Die Auseinandersetzung mit diesen Spannungen ist entscheidend, um die eigene Position zu klären und die emotionale Freiheit zu finden, die für die Vergebung notwendig ist.

Jetzt können wir zusammenfassen, dass der Prozess der Vergebung eine Reise ist, die oft von Rückschlägen und Herausforderungen begleitet wird. Er erfordert Mut, Geduld und die Bereitschaft, sich mit schmerzhaften Emotionen auseinanderzusetzen. Doch die Belohnung für diese Mühe kann eine tiefere emotionale Freiheit und die Möglichkeit sein, in zwischenmenschlichen Beziehungen neu zu beginnen. Der Prozess der Vergebung ist nicht nur eine Heilung für das Opfer, sondern auch eine Chance für den Täter, aus seinen Fehlern zu lernen und sich weiterzuentwickeln.

Hindernisse auf dem Weg zur Vergebung

Die Vergebung ist oft ein komplexer Prozess, der von verschiedenen Hindernissen begleitet wird, die sowohl innerpsychologischer als auch sozialer Natur sein können. Ein zentrales Hindernis ist das Gefühl der Verletzung, das der Verrat mit sich bringt. Wenn jemand uns verrät, werden nicht nur unsere Erwartungen an Vertrauen und Loyalität untergraben, sondern auch unser Selbstwertgefühl und unsere Identität in Frage gestellt. Diese tiefen emotionalen Verletzungen können es schwierig machen, die Perspektive des anderen zu verstehen und die Bereitschaft zur Vergebung zu entwickeln.

Ein weiteres Hindernis ist die Angst vor dem Wiederholungsrisiko. Wenn wir einmal verletzt wurden, neigen wir dazu, uns emotional abzuschotten und jegliche

Form von Verletzlichkeit zu vermeiden. Diese Schutzmechanismen sind oft tief verwurzelt in traumatischen Erfahrungen und können dazu führen, dass wir uns von bedeutenden Beziehungen zurückziehen. Die Angst, erneut enttäuscht zu werden, lässt uns glauben, dass Vergebung gleichbedeutend mit dem Risiko ist, erneut verletzt zu werden. Diese innere Logik kann die Bereitschaft zur Vergebung erheblich einschränken.

Zudem spielt die soziale Umgebung eine entscheidende Rolle. Gruppenzwang und soziale Normen können die individuelle Entscheidung zur Vergebung beeinflussen. In einem Umfeld, in dem Rache oder das Festhalten an Groll als stärkere Eigenschaften angesehen werden, kann es schwerfallen, sich für die Vergebung zu entscheiden. Die Vorstellung, dass man durch Vergebung Schwäche zeigt oder die eigene Position gefährdet, kann dazu führen, dass man die Entscheidung zur Vergebung hinauszögert oder ganz vermeidet. Dies verstärkt die Isolation und den inneren Konflikt zwischen der Sehnsucht nach Frieden und der Bindung an den Groll.

Die Rolle von Schuld und Scham ist ebenfalls nicht zu unterschätzen. Oft fühlen sich sowohl der Verräter als auch das Opfer mit einem komplexen Geflecht aus Schuld- und Schamgefühlen konfrontiert. Der Verräter kämpft möglicherweise mit dem eigenen Versagen, während das Opfer sich schuldig fühlen könnte, dass es dem Verräter nicht vertraut hat oder die Beziehung nicht besser geschützt hat. Diese Emotionen können den Prozess der Vergebung stark belasten, da sie die Beteiligten in einer Opfer-Täter-Dynamik gefangen halten, die die Möglichkeit eines Neuanfangs weiter erschwert.

Abschließend lässt sich sagen, dass der Weg zur Vergebung oft ein steiniger ist, der von verschiedenen persönlichen und sozialen Hindernissen geprägt ist. Um diesen Weg erfolgreich zu beschreiten, ist es wichtig, sich der eigenen Emotionen bewusst zu werden und zu erkennen, dass Vergebung nicht nur ein Akt der Gnade ist, sondern auch eine Möglichkeit, sich selbst von der Last des Grolls zu befreien.

Es bedarf Mut und innerer Stärke, um über die Hindernisse hinwegzukommen und die Möglichkeit einer heilenden Vergebung zuzulassen.

Vergebung als therapeutisches Konzept

Vergebung ist ein zentrales therapeutisches Konzept, das in der psychologischen Praxis eine bedeutende Rolle spielt, insbesondere im Kontext von Verrat und Enttäuschung. In zwischenmenschlichen Beziehungen kommt es häufig zu Verletzungen, die das Vertrauen und die emotionale Verbindung zwischen Individuen beeinträchtigen.

Vergebung ermöglicht es, diese Verletzungen zu erkennen und zu verarbeiten, und bietet einen Weg, um die psychologischen Folgen von Verrat, wie Schuld, Scham und Enttäuschung, zu überwinden. Die Fähigkeit zu vergeben ist nicht nur ein Akt der Gnade, sondern auch ein wesentlicher Schritt in Richtung emotionaler Heilung und persönlicher Entwicklung.

Im therapeutischen Setting wird Vergebung oft als ein Prozess verstanden, der mehrere Phasen umfasst. Zunächst erfordert es die Auseinandersetzung mit den eigenen Empfindungen von Schmerz und Wut, die durch den Verrat verursacht wurden. Diese Emotionen müssen anerkannt und gefühlt werden, bevor eine echte Vergebung stattfinden kann. Der Therapeut unterstützt den Klienten dabei, die komplexen Gefühle zu navigieren und die Gründe für den Verrat zu verstehen. Dies kann helfen, den inneren Konflikt zwischen Loyalität und persönlichen Interessen zu klären und die Perspektive auf den Verräter zu verändern.

Ein weiterer wichtiger Aspekt von Vergebung als therapeutischem Konzept ist der Einfluss von Gruppenzwang und sozialen Normen auf die Wahrnehmung von Verrat. In vielen Fällen kann der Druck, den Erwartungen anderer gerecht zu werden, zu moralischen Dilemmata führen, die letztendlich zu verräterischem Verhalten führen. Die Auseinandersetzung mit diesen sozialen Dynamiken kann den Klienten helfen, ein tieferes

Verständnis für die Umstände und Motivationen hinter dem Verrat zu entwickeln. Vergebung wird so zu einem Werkzeug, um nicht nur individuelle Verletzungen zu heilen, sondern auch um die sozialen Strukturen zu reflektieren, die zu diesen Konflikten führen.

Die Rolle von Schuld und Scham in der menschlichen Psyche ist ebenfalls eng mit dem Konzept der Vergebung verknüpft. Oft empfinden Personen, die verraten wurden, intensive Schuld- und Schamgefühle, die ihre Fähigkeit zur Vergebung beeinträchtigen. In der Therapie ist es entscheidend, diese Emotionen zu adressieren und zu verarbeiten. Vergebung kann als ein Akt der Selbstbefreiung betrachtet werden, der es den Betroffenen ermöglicht, sich von den Fesseln der Schuld zu lösen und ein neues Gefühl von Kontrolle und Selbstwert zu entwickeln. Der Prozess fördert nicht nur die persönliche Heilung, sondern kann auch das Vertrauen in zukünftige Beziehungen wiederherstellen.

Nun lässt sich betrachten, dass Vergebung ein kraftvolles therapeutisches Konzept ist, das in der psychologischen Arbeit mit Themen wie Verrat und Enttäuschung von zentraler Bedeutung ist. Es bietet einen strukturierten Ansatz, um die emotionalen Wunden zu heilen, die durch zwischenmenschliche Konflikte entstehen. Vergebung ist nicht nur ein Weg zur Heilung für den Verratenen, sondern auch ein Mittel, um die tieferliegenden psychologischen Aspekte von Loyalität, Gruppenzwang und persönlichem

Trauma zu verstehen. In diesem Prozess wird die Hoffnung genährt, dass Verrat nicht das Ende einer Beziehung bedeutet, sondern die Möglichkeit für Wachstum und Veränderung, sowohl auf individueller als auch auf zwischenmenschlicher Ebene.

Wege zur Selbstreflexion

Achtsamkeit und Selbstbewusstsein

Achtsamkeit ist eine essentielle Praxis, die es Individuen ermöglicht, sich ihrer Gedanken, Gefühle und Körperempfindungen bewusst zu werden. In einer Welt, die oft von Ablenkungen geprägt ist, schafft Achtsamkeit einen Raum für die Selbstreflexion. Diese Reflexion ist notwendig, um den inneren Verräter zu erkennen, der in jedem von uns lauert. Es ist dieser innere Kritiker, der uns dazu verleitet, uns selbst zu sabotieren und unsere eigenen Ziele in Frage zu stellen. Durch Achtsamkeit lernen wir, diese negativen Gedanken bewusst wahrzunehmen, ohne sie sofort zu bewerten oder abzulehnen.

Selbstbewusstsein ist eng mit Achtsamkeit verbunden, da es uns ermöglicht, unser eigenes Selbstbild zu verstehen und zu akzeptieren. Ein starkes Selbstbewusstsein gibt uns die Kraft, uns von den Einflüssen des inneren Verräters zu distanzieren.

Wenn wir uns unserer Stärken und Schwächen bewusst sind, können wir besser mit Herausforderungen umgehen und uns selbst treu bleiben. In dieser Hinsicht ist Selbstbewusstsein nicht nur ein Gefühl, sondern eine aktive Entscheidung, die wir treffen müssen, um authentisch leben zu können.

Die Entwicklung von Achtsamkeit und Selbstbewusstsein erfordert Übung und Geduld. Meditative Praktiken wie das Achtsamkeitstraining oder das Tagebuchschreiben können dabei hilfreich sein. Diese Methoden erlauben es uns, regelmäßig innezuhalten und unsere inneren Dialoge zu beobachten. Indem wir uns die Zeit nehmen, um unsere Gedanken zu reflektieren, können wir Muster erkennen, die uns möglicherweise schaden. Diese Erkenntnis ist der erste Schritt zur Überwindung des inneren Verräters und zur Stärkung unseres Selbstbewusstseins.

Ein weiterer wichtiger Aspekt von Achtsamkeit und Selbstbewusstsein ist die Selbstakzeptanz. Der innere Verräter neigt dazu, uns in einen Zustand der Selbstkritik zu versetzen, was unser Selbstwertgefühl erheblich mindern kann. Durch achtsame Praktiken lernen wir, uns selbst mit all unseren Unzulänglichkeiten zu akzeptieren. Diese Akzeptanz ist ein entscheidender Faktor, um die Macht des inneren Verräters zu verringern und ein gesundes Selbstbewusstsein zu entwickeln. Indem wir uns selbst annehmen, schaffen wir eine solide Grundlage für persönliches Wachstum.

Schließlich ist die Verbindung zwischen Achtsamkeit und Selbstbewusstsein ein dynamischer Prozess. Während wir unsere Achtsamkeit schulen, wird unser Selbstbewusstsein gestärkt, und umgekehrt.

Dieses Zusammenspiel ermöglicht es uns, bewusster und authentischer zu leben. Indem wir den inneren Verräter erkennen und ihm nicht mehr die Kontrolle über unser Leben überlassen, können wir eine positive Veränderung herbeiführen. Achtsamkeit und Selbstbewusstsein sind somit nicht nur Werkzeuge zur Selbstverbesserung, sondern auch Schlüssel zur Befreiung von inneren Konflikten, die uns daran hindern, unser volles Potenzial zu entfalten.

Techniken zur Identifikation des inneren Verräters

Die Identifikation des inneren Verräters ist ein entscheidender Schritt auf dem Weg zur Selbstentdeckung und inneren Heilung. Der innere Verräter manifestiert sich oft in Form von Selbstzweifeln, negativen Gedanken oder destruktiven Verhaltensmustern. Um diesen inneren Saboteur zu erkennen, ist es hilfreich, sich regelmäßig Zeit für Selbstreflexion zu nehmen. Tagebuchschreiben kann dabei ein nützliches Werkzeug sein, um Gedanken und Gefühle zu dokumentieren und Muster zu erkennen, die auf den inneren Verräter hindeuten.

Eine weitere Technik zur Identifikation des inneren Verräters ist die Achtsamkeitspraxis. Indem man sich auf den gegenwärtigen Moment konzentriert und Gedanken ohne Urteil beobachtet, können subtile Hinweise auf innere Konflikte und Selbstsabotage aufgedeckt werden. Achtsamkeit hilft, die Stimme des inneren Verräters von der eigenen authentischen Stimme zu unterscheiden. Meditative Praktiken oder Atemübungen können hier unterstützend wirken, um den Geist zu klären und die innere Stimme besser zu hören.

Die Analyse von Reaktionen auf bestimmte Situationen kann ebenfalls aufschlussreich sein. Wenn man sich in einer herausfordernden Lage befindet, ist es wichtig zu beobachten, wie man reagiert. Neigt man dazu, sich selbst zu kritisieren oder sich zurückzuziehen? Solche Reaktionen sind häufig Anzeichen für den Einfluss des inneren Verräters. Das Führen eines Reaktionstagebuchs kann hilfreich sein, um diese Muster zu erkennen und zu hinterfragen.

Zusätzlich kann die Arbeit mit einem Therapeuten oder Coach eine wertvolle Unterstützung bieten. Professionelle Begleitung ermöglicht es, tiefere innere Konflikte zu erforschen und die Dynamiken des inneren Verräters besser zu verstehen. Der Austausch über persönliche Erfahrungen und das Erlernen von Bewältigungsstrategien können dazu beitragen, den inneren Verräter zu entlarven und zu überwinden.

Schließlich ist es wichtig, die eigene Selbstliebe zu stärken und positive Affirmationen in den Alltag zu integrieren. Indem man sich selbst wertschätzt und ermutigende Botschaften verinnerlicht, kann der Einfluss des inneren Verräters vermindert werden. Diese Techniken fördern nicht nur die Identifikation des inneren Verräters, sondern tragen auch zur Entwicklung eines gesunden und positiven Selbstbildes bei, das die Grundlage für persönliches Wachstum bildet.

Strategien zur Überwindung des inneren Verräters und zur Bewältigung von Verrat

Umgang mit den Emotionen nach einem Verrat

Der Umgang mit den Emotionen nach einem Verrat ist eine herausfordernde und oft schmerzhafte Erfahrung. Verrat, sei es in Form von Untreue in einer Beziehung oder durch das Brechen von Vertrauen in Freundschaften oder am Arbeitsplatz, kann eine Vielzahl intensiver Emotionen hervorrufen. Trauer, Wut, Enttäuschung und Selbstzweifel sind häufige Begleiter nach einem solchen Erlebnis. Diese Emotionen können sich nicht nur auf das individuelle Wohlbefinden auswirken, sondern auch die zwischenmenschlichen Beziehungen erheblich belasten. Es ist wichtig, sich der eigenen Gefühle bewusst zu werden und einen gesunden Umgang mit ihnen zu finden.

Ein zentraler Aspekt im Umgang mit den Emotionen nach einem Verrat ist das Erkennen und Akzeptieren der eigenen Gefühle. Viele Menschen neigen dazu, ihre Emotionen zu verdrängen oder zu minimieren, was zu einer langfristigen emotionalen Belastung führen kann. Indem man sich die Zeit nimmt, die eigenen Reaktionen zu reflektieren, lassen sich die verschiedenen Facetten des Schmerzes besser verstehen. Das Akzeptieren der Trauer und der Wut kann als erster Schritt zur Heilung dienen. Hierbei kann es hilfreich sein, die Emotionen in einem geschützten Raum, etwa durch Journaling oder Gespräche mit vertrauten Personen, zu äußern.

Ein weiterer wichtiger Schritt im Umgang mit den Emotionen nach einem Verrat ist die Suche nach Verständnis. Oft stellt sich die Frage, warum der Verrat geschehen ist und was die Beweggründe des Verräters waren. Diese Reflexion kann helfen, den Schmerz zu verarbeiten und eine Perspektive auf die Situation zu gewinnen. Dabei ist es entscheidend, zwischen der Handlung des Verrats und der eigenen

Wertigkeit zu unterscheiden. Die Schuld des Verrats liegt immer beim Verräter, nicht beim Betroffenen. Durch diese Erkenntnis kann das Selbstwertgefühl gestärkt werden, was für den Heilungsprozess unerlässlich ist.

Es ist ebenfalls ratsam, aktiv Wege zu finden, um die eigenen Emotionen in positive Bahnen zu lenken. Sport, kreative Tätigkeiten oder das Erlernen neuer Fähigkeiten können dabei helfen, den Fokus von den negativen Gefühlen abzulenken und neue Energie zu schöpfen. Darüber hinaus kann das Aufbauen eines unterstützenden sozialen Netzwerks, bestehend aus Freunden und Familie, maßgeblich zur emotionalen Stabilität beitragen. Der Austausch mit anderen, die ähnliche Erfahrungen gemacht haben, kann nicht nur Trost spenden, sondern auch wertvolle Einsichten bieten.

Folgend ist der Prozess der emotionalen Verarbeitung nach einem Verrat oft nicht linear. Es gibt Tage, an denen man sich stärker und ermutigter fühlt, und andere, an denen die Traurigkeit übermächtig erscheint. Geduld mit sich selbst ist unerlässlich. Die Auseinandersetzung mit den eigenen Emotionen erfordert Zeit und ein gewisses Maß an Selbstmitgefühl. Indem man diesen Prozess ernst nimmt, kann man nicht nur die Wunden heilen, sondern auch das Vertrauen in sich selbst und in zwischenmenschliche Beziehungen wiederaufbauen. So wird der Umgang mit den Emotionen nach einem Verrat zu einer wertvollen

Gelegenheit für persönliches Wachstum und eine tiefere Erkenntnis über die eigene Fähigkeit zur Resilienz.

Die Bedeutung von Vergebung

Die Bedeutung von Vergebung ist ein zentraler Aspekt der menschlichen Erfahrungen und spielt eine entscheidende Rolle in der Dynamik von Verrat und Loyalität. Vergebung ermöglicht es Individuen, die emotionalen und psychologischen Wunden, die durch Verrat entstanden sind, zu heilen. Wenn jemand verletzt wird, sei es durch eine bewusste Handlung oder unbewusste Nachlässigkeit, kann die Fähigkeit, zu vergeben, den Unterschied zwischen emotionaler Gefangenschaft und innerem Frieden ausmachen. Diese Fähigkeit ist nicht nur wichtig für die verletzte Person, sondern auch für denjenigen, der den Verrat begangen hat, da sie die Möglichkeit eröffnet, Verantwortung zu übernehmen und sich zu bessern.

In zwischenmenschlichen Beziehungen ist Vergebung oft der Schlüssel zur Wiederherstellung von Vertrauen. Vertrauen ist eine fundamentale Grundlage jeder Beziehung, sei es in Freundschaften, romantischen Partnerschaften oder beruflichen Verhältnissen. Wenn Vertrauen gebrochen wird, kann dies zu einem Teufelskreis von Misstrauen und Konflikten führen. Vergebung schafft die Möglichkeit, diesen

Kreislauf zu durchbrechen, indem sie die Kommunikation fördert und den Raum für ehrliche Gespräche über die Ursachen des Verrats öffnet. Durch Vergebung können Beziehungen neu definiert und gestärkt werden, was zu einer tieferen emotionalen Verbindung führt.

Die psychologischen Aspekte von Vergebung sind vielschichtig. Sie erfordern oft einen bewussten Prozess, in dem die betroffene Person ihre Gefühle, Gedanken und die zugrundeliegenden Motivationen des Verrats analysiert. Vergebung bedeutet nicht, die Taten des anderen zu entschuldigen oder zu rechtfertigen, sondern vielmehr, die eigenen Emotionen zu verstehen und zu akzeptieren. Dieser Prozess kann befreiend wirken, da er es den Menschen ermöglicht, die Last des Grolls und der negativen Emotionen abzulegen. Psychologen betonen, dass Vergebung auch die individuelle psychische Gesundheit fördert und das Risiko von Depressionen und Angstzuständen verringern kann.

Darüber hinaus hat Vergebung auch eine gesellschaftliche Dimension. In Gemeinschaften, in denen Vergebung praktiziert wird, können sich die Beziehungen zwischen den Menschen verbessern und ein Gefühl von Zusammenhalt und Verständnis entstehen. In Kulturen, die Vergebung als wertvolles Gut betrachten, wird oft ein höheres Maß an sozialer Kohäsion und gegenseitiger Unterstützung beobachtet. Diese gesellschaftliche Perspektive ist besonders wichtig in Zeiten von Konflikten und Unruhen, in denen die

Fähigkeit, zu vergeben, als Weg zur Versöhnung und Heilung der Gemeinschaft angesehen werden kann.

Letztendlich spielt Vergebung eine wesentliche Rolle im Leben jedes Einzelnen und in der Gesellschaft als Ganzes. Sie ist ein Akt der Stärke, der es den Menschen ermöglicht, über den Schmerz des Verrats hinauszuwachsen und neue Wege der Loyalität und des Vertrauens zu finden. In einer Welt, die von Konflikten und Misstrauen geprägt ist, könnte die bewusste Entscheidung, zu vergeben, der Schlüssel zu einer harmonischeren und verständnisvolleren Gesellschaft sein. Vergebung zu praktizieren, bedeutet, die menschliche Fähigkeit zur Empathie und zur Veränderung zu erkennen und zu fördern.

Stärkung der eigenen Loyalität

Loyalität ist ein zentraler Aspekt zwischenmenschlicher Beziehungen, der sowohl in persönlichen als auch in beruflichen Kontexten von großer Bedeutung ist. Um die eigene Loyalität zu stärken, ist es wichtig, ein Bewusstsein für die eigenen Werte und Überzeugungen zu entwickeln. Indem wir uns klar darüber werden, was uns wichtig ist und wofür wir einstehen, können wir unsere Loyalität gezielt auf die Menschen und Prinzipien richten, die uns am Herzen liegen. Diese Reflexion trägt dazu bei, ein stabiles Fundament für unsere Beziehungen zu schaffen und uns vor inneren Konflikten zu schützen, die aus einem Mangel an Klarheit resultieren können.

Ein weiterer Schritt zur Stärkung der Loyalität ist die Pflege von Vertrauen. Vertrauen ist die Grundlage jeder loyalen Beziehung und entsteht durch konsequente, ehrliche Kommunikation und Verlässlichkeit. Wenn wir uns darauf konzentrieren, unser Wort zu halten und transparent zu sein, fördern wir nicht nur unsere eigene Loyalität, sondern auch die Loyalität anderer uns gegenüber. Diese gegenseitige Vertrauensbasis ermöglicht es, schwierige Zeiten zu überstehen und Herausforderungen gemeinsam zu meistern, was die Bindung zwischen den Beteiligten erheblich stärkt.

Zudem spielt Empathie eine entscheidende Rolle in der Loyalität. Indem wir uns in die Lage anderer Menschen versetzen und deren Perspektiven und Gefühle nachvollziehen, können wir tiefere Bindungen aufbauen. Empathie fördert nicht nur das Verständnis, sondern auch die Akzeptanz von Unterschieden, die in jeder Beziehung unvermeidlich sind. In einer Welt, in der sich Menschen oft voneinander entfremden, ist die Fähigkeit, empathisch zu sein, eine Schlüsselressource, um loyale Beziehungen zu entwickeln und aufrechtzuerhalten.

Ein weiterer Aspekt, der die eigene Loyalität stärken kann, ist die aktive Auseinandersetzung mit Verratserfahrungen.

Wenn wir uns mit den schmerzhaften Folgen von Verrat befassen, gewinnen wir wertvolle Einsichten darüber, was Loyalität für uns bedeutet und wie wir sie im Alltag praktizieren können. Diese Reflexion kann uns helfen, unsere eigenen Loyalitätsgrenzen zu erkennen und zu definieren, was letztlich dazu führt, dass wir bewusster und gezielter in unseren Beziehungen handeln.

Die Stärkung der eigenen Loyalität ist folglich ein schwerer kontinuierlicher Prozess, der Selbstreflexion, Vertrauen, Empathie und die Auseinandersetzung mit Verrat erfordert. Indem wir uns aktiv mit diesen Elementen beschäftigen, können wir nicht nur unsere eigenen Beziehungen bereichern, sondern auch einen positiven Einfluss auf die Gesellschaft ausüben. Loyalität ist nicht nur eine individuelle Eigenschaft, sondern auch ein gesellschaftlicher Wert, der zur Stabilität und zum Zusammenhalt unserer Gemeinschaften beiträgt.

Psychologische Interventionen

Psychologische Interventionen sind entscheidend, um das Verständnis und die Verarbeitung innerer Konflikte zu fördern. Der innere Verräter, symbolisiert durch die Figur des Judas, steht oft für die Selbstzweifel und die inneren Widersprüche, die viele Menschen empfinden. Diese

Interventionen zielen darauf ab, den Umgang mit diesen inneren Stimmen zu verbessern und eine harmonischere Beziehung zu sich selbst zu entwickeln. Durch gezielte Techniken und Ansätze können Betroffene lernen, ihre inneren Kritiker zu erkennen und zu transformieren.

Eine gängige Methode sind kognitive Verhaltenstherapien, die darauf abzielen, dysfunktionale Denkmuster zu identifizieren und zu verändern. Diese Interventionen helfen den Individuen, ihre negativen Gedanken über sich selbst zu hinterfragen und durch realistischere und positivere Überzeugungen zu ersetzen. Indem sie die Mechanismen des inneren Verräters beleuchten, können Klienten lernen, wie sie ihre eigenen Ängste und Unsicherheiten besser verstehen und bewältigen können.

Darüber hinaus spielt die Achtsamkeit eine wesentliche Rolle in der psychologischen Intervention. Durch Achtsamkeitsübungen können Menschen lernen, im Moment präsent zu sein und ihre Gedanken und Gefühle ohne Urteil zu beobachten. Diese Praxis ermöglicht es, den inneren Dialog zu entschärfen und fördert ein Gefühl der Selbstakzeptanz. Achtsamkeit kann den Menschen helfen, die Stimme des inneren Verräters zu erkennen, ohne sich von ihr überwältigen zu lassen.

Eine weitere Intervention ist die narrative Therapie, die es den Menschen ermöglicht, ihre Lebensgeschichten neu zu schreiben. Indem sie ihre Erfahrungen aus einer anderen Perspektive betrachten, können sie die Rolle des inneren Verräters in ihrem Leben umdeuten. Diese Methode fördert eine stärkere Selbstidentität und gibt den Menschen die Kontrolle über ihre Erzählungen zurück. Sie lernen, dass sie nicht nur Opfer ihrer Umstände sind, sondern aktive Mitgestalter ihrer eigenen Geschichten.

Letzten Endes ist die Gruppenpsychotherapie ein wertvolles Werkzeug, um den inneren Verräter zu verstehen und zu konfrontieren. In einem sicheren Raum können die Teilnehmer ihre Erfahrungen teilen und Unterstützung von anderen erhalten, die ähnliche Kämpfe durchleben. Der Austausch in der Gruppe fördert Empathie und Verständnis und hilft den Einzelnen, die universelle Natur des inneren Verräters zu erkennen. Diese kollektive Erfahrung kann als Katalysator für persönliche Veränderung und Wachstum dienen.

Praktische Übungen für den Alltag

Um den inneren Verräter in uns zu erkennen und zu überwinden, sind praktische Übungen von großer Bedeutung. Diese Übungen helfen nicht nur, die eigenen Gedanken und Gefühle besser zu verstehen, sondern fördern auch die Selbstreflexion und das persönliche Wachstum. Eine erste Übung besteht darin, ein Tagebuch zu führen, in dem täglich Gedanken und Emotionen festgehalten werden. Dies ermöglicht es, Muster zu identifizieren, die auf den inneren Verräter hinweisen, wie Selbstzweifel oder negative Selbstgespräche. Durch das regelmäßige Schreiben wird nicht nur das Bewusstsein geschärft, sondern auch die Möglichkeit geschaffen, konstruktiv mit diesen Gedanken umzugehen.

Eine weitere hilfreiche Übung ist die Achtsamkeitsmeditation. Diese Form der Meditation fördert die Konzentration auf den gegenwärtigen Moment und hilft, innere Konflikte zu erkennen, ohne sie sofort zu bewerten. In der Stille können wir unseren inneren Dialog beobachten und herausfinden, welche Stimmen uns sabotieren. Indem wir lernen, diese Gedanken zu akzeptieren, können wir sie schließlich loslassen und Raum für positive Selbstaffirmationen schaffen. Achtsamkeit stärkt zudem die emotionale Resilienz und ermöglicht es, mit Rückschlägen besser umzugehen.

Zusätzlich kann das Üben von Selbstmitgefühl eine wichtige Rolle spielen. Diese Übung ermutigt uns, uns selbst so zu behandeln, wie wir einen guten Freund behandeln würden. Wenn wir uns in schwierigen Zeiten hart beurteilen, sollten wir innehalten und uns fragen, wie wir in ähnlichen Situationen mit einem Freund sprechen würden. Diese Perspektivwechsel helfen, die innere Kritik zu mildern und eine liebevollere Einstellung uns selbst gegenüber zu entwickeln. Selbstmitgefühl kann dazu beitragen, den inneren Verräter zu besänftigen und ein Gefühl von innerem Frieden zu fördern.

Ein weiterer praktischer Ansatz ist die Erstellung eines persönlichen Aktionsplans. Dieser Plan sollte spezifische Schritte enthalten, um negative Gedankenmuster zu verändern und positive Verhaltensweisen zu fördern. Dazu gehört das Setzen von Zielen, die realistisch und erreichbar sind, sowie das Festlegen von Belohnungen für die Erreichung dieser Ziele. Indem wir unsere Fortschritte dokumentieren, können wir die positiven Veränderungen in unserem Leben nachvollziehen und uns selbst zur Verantwortung ziehen. Diese Strategie stärkt das Selbstbewusstsein und zeigt, dass wir die Macht haben, unsere innere Stimme zu verändern.

Demzufolge ist es wichtig, ein unterstützendes Netzwerk von Gleichgesinnten aufzubauen. Der Austausch mit anderen, die ähnliche Herausforderungen erleben oder erlebt haben, kann ermutigend und inspirierend sein. In Gruppen oder Workshops können Erfahrungen geteilt und neue Perspektiven gewonnen werden. Dieses Gemeinschaftsgefühl stärkt nicht nur das Gefühl der Zugehörigkeit, sondern bietet auch wertvolle Einsichten, wie wir mit unserem inneren Verräter umgehen können. Durch den Dialog mit anderen lernen wir, dass wir nicht allein sind und dass der Weg zur Selbstakzeptanz und inneren Freiheit von vielen Faktoren beeinflusst wird.

Fallstudien und reale Beispiele

In der Literatur finden wir zahlreiche Beispiele für Verrat, die tiefere psychologische Einsichten bieten. In Shakespeares „Macbeth" beispielsweise verrät Lady Macbeth ihren Ehemann, indem sie ihn zu einem Mord anregt, um ihre eigenen Ambitionen zu verwirklichen. Hier wird der Verrat nicht nur als eine Handlung dargestellt, sondern auch als ein innerer Konflikt, der die Charaktere in moralische Dilemmata stürzt. Der innere Verräter zeigt sich hier in der manipulativen Natur ihrer Beziehung und den dunklen Wünschen, die sie antreiben.

Ein modernes Beispiel für Verrat kann in der Welt der Unternehmen gefunden werden. Whistleblower, die interne Missstände aufdecken, stehen oft vor der Wahl, ihre Loyalität gegenüber ihrem Arbeitgeber oder ihren ethischen Überzeugungen zu prüfen. Diese Entscheidung kann tiefgreifende persönliche und berufliche Konsequenzen haben. Der innere Verräter in diesem Kontext zeigt sich in der Angst vor Repressalien und der moralischen Zerrissenheit, die viele in solchen Situationen empfinden.

Der Einfluss von Verrat auf die Gesellschaft ist ebenfalls erheblich. Die Entdeckung von Verrat kann nicht nur zu einem Verlust von Vertrauen innerhalb einer Gemeinschaft führen, sondern auch zu weitreichenden politischen und sozialen Konsequenzen. Historische Fälle wie der Fall von Richard Nixon und dem Watergate-Skandal zeigen, wie Verrat innerhalb der politischen Sphären Vertrauen zerschlagen und zu einem umfassenden Misstrauen in die Institutionen führen kann. Solche Ereignisse wirken oft als Katalysatoren für gesellschaftliche Veränderungen und Reformen.

Jetzt können wir feststellen, dass berühmte historische Fälle von Verrat nicht nur die individuelle Psyche der Beteiligten widerspiegeln, sondern auch tiefere Fragen zu Loyalität, Vertrauen und den moralischen Dilemmata aufwerfen, mit denen Menschen konfrontiert sind. Diese Fälle bieten wertvolle Einblicke in die menschliche Natur und die komplexen Beziehungen, die das soziale Gefüge einer Gesellschaft prägen. Indem wir diese Geschichten betrachten, können wir besser verstehen, warum jeder von uns einen "Judas" in sich trägt und welche psychologischen Mechanismen hinter Verrat und Loyalität stehen.

Psychologische Analysen von bekannten Verrätern

Die Untersuchung von Verrat aus psychologischer Perspektive bietet tiefere Einblicke in die komplexen Motivationen, die Menschen zu untreuen Handlungen bewegen können. Historische und literarische Figuren wie Judas Iskariot, Brutus oder auch moderne Beispiele wie Edward Snowden verdeutlichen, dass Verrat oft nicht nur aus persönlichem Gewinnstreben resultiert, sondern auch tief verwurzelte emotionale und psychologische Konflikte widerspiegelt. Diese Analysen zeigen, dass Verrat oftmals ein Produkt von Enttäuschung, Loyalitätskonflikten und dem Streben nach Identität ist.

Ein zentraler Aspekt in der Psychologie des Verrats ist das Konzept der kognitiven Dissonanz. Wenn Individuen Handlungen ausführen, die im Widerspruch zu ihren Werten oder Überzeugungen stehen, entsteht ein innerer Konflikt. Viele bekannte Verräter rechtfertigen ihre Taten durch die Schaffung eines Narrativs, das ihre Entscheidungen als notwendig oder sogar moralisch überlegen darstellt. Diese Selbstrechtfertigung kann den emotionalen Schmerz lindern und die Identität des Verräters stabilisieren, auch wenn sie gleichzeitig das Vertrauen ihrer ehemaligen Verbündeten zerstört.

Ein weiterer bedeutender Faktor ist die Rolle von Macht und Einfluss. Verrat findet oft in Machtstrukturen statt, in denen Loyalität erwartet, aber nicht immer gewährt wird. Psychologische Analysen zeigen, dass Verräter häufig unter Druck gesetzt werden, ihre Loyalität in Frage zu stellen, besonders wenn sie sich in einer Position der Schwäche oder Isolation befinden. Diese Dynamik verdeutlicht, wie äußere Umstände und interne Konflikte Hand in Hand gehen können, um eine Person zu einem Verräter zu machen.

Zusätzlich spielt die zwischenmenschliche Beziehung eine entscheidende Rolle. Verrat hat nicht nur Auswirkungen auf den Verräter und das Opfer, sondern beeinflusst auch das gesamte soziale Gefüge. Die Psychologie legt nahe, dass Vertrauen eine fundamentale Basis für zwischenmenschliche Beziehungen darstellt. Wenn dieses Vertrauen durch Verrat gebrochen wird, kann dies zu einem weitreichenden Vertrauensverlust in der Gemeinschaft führen und die sozialen Bindungen nachhaltig schädigen.

Die psychologischen Analysen von Verrätern liefern uns wertvolle Erkenntnisse über menschliches Verhalten und die Dynamik von Loyalität und Verrat. Das Verständnis der inneren Konflikte, die zu solchen Entscheidungen führen, kann helfen, die eigenen „Judas"-Impulse zu erkennen und möglicherweise zu überwinden. Diese Analysen sind nicht nur für die Betrachtung historischer Ereignisse von Bedeutung, sondern bieten auch wichtige Lektionen für den

Umgang mit Verrat in unserem eigenen Leben und in unseren Beziehungen.

Lektionen aus der Geschichte

Die Geschichte ist voller Beispiele, die verdeutlichen, wie Verrat und Loyalität in menschlichen Beziehungen verwoben sind. Von den alten Mythen bis hin zu modernen Erzählungen zeigen uns die Geschichten von Verrätern und Loyalen, dass diese Eigenschaften tief in der menschlichen Natur verwurzelt sind. In vielen Kulturen wird der Verrat oft als eine der schlimmsten Sünden angesehen, während Loyalität als Tugend gefeiert wird. Diese Dichotomie spiegelt nicht nur die moralischen Werte einer Gesellschaft wider, sondern auch die psychologischen Mechanismen, die hinter diesen Verhaltensweisen stehen.

Ein entscheidender Aspekt der psychologischen Perspektive auf Verrat ist das Verständnis der individuellen Motivationen. Historische Figuren wie Brutus oder Judas Iskariot werden häufig als Archetypen des Verrats betrachtet. Ihre Handlungen sind nicht nur Ausdruck persönlicher Ambitionen oder Enttäuschungen, sondern auch das Ergebnis komplexer sozialer Dynamiken. Oft stehen tiefsitzende Konflikte zwischen Loyalität gegenüber einer Person und der Loyalität gegenüber einer größeren Ideologie oder Gruppe im Vordergrund. Diese innere Zerrissenheit ist etwas, das jeder Mensch in unterschiedlichen Lebensbereichen erleben kann.

Verrat hat tiefgreifende Auswirkungen auf zwischenmenschliche Beziehungen. Historisch gesehen haben Verratsakte nicht nur individuelle Beziehungen zerstört, sondern auch ganze Gemeinschaften destabilisiert. Vertrauen, das Fundament jeder Beziehung, wird durch Verrat erschüttert. Wenn das Vertrauen gebrochen wird, ist es oft schwierig, die Beziehung wiederherzustellen. Die Psychologie lehrt uns, dass der Wiederaufbau von Vertrauen Zeit und Mühe erfordert, und dass die betroffenen Personen oft mit tiefen emotionalen Narben zurückbleiben. Die Lektionen aus der Geschichte zeigen, wie wichtig es ist, die Mechanismen des Vertrauens und des Verrats zu verstehen, um gesunde Beziehungen zu fördern.

Ein weiterer wichtiger Punkt ist die Rolle des sozialen Umfelds. Historische Ereignisse haben oft gezeigt, dass gesellschaftliche Normen und Werte einen erheblichen Einfluss auf das Verhalten von Individuen haben können. In Zeiten sozialer Unruhen oder politischer Umwälzungen kann der Druck, loyal zu sein oder sich gegen vermeintliche Feinde zu stellen, zu Verratsakten führen. Diese sozialen Dynamiken verdeutlichen, dass individuelles Verhalten nicht isoliert betrachtet werden kann, sondern immer im Kontext der

Gemeinschaft und der kulturellen Rahmenbedingungen steht.

Zusammenfassend lässt sich deuten, dass die Lektionen aus der Geschichte uns dazu anregen, über die komplexen Beziehungen zwischen Verrat und Loyalität nachzudenken. Jeder Mensch trägt das Potenzial für beides in sich, und das Verständnis dieser inneren Konflikte kann helfen, empathischer mit den Handlungen anderer umzugehen. Indem wir die psychologischen Aspekte und die sozialen Einflüsse des Verrats betrachten, können wir nicht nur unsere eigenen Verhaltensweisen besser verstehen, sondern auch die Dynamiken, die unser Zusammenleben prägen.

Schließlich ist es wichtig, die psychologischen Mechanismen hinter dem Verrat zu verstehen. Menschen neigen dazu, ihre eigenen Interessen über die Loyalität zu anderen zu stellen, insbesondere in Zeiten der Unsicherheit oder des Drucks. Der innere Verräter ist oft das Ergebnis von Angst, Gier oder einem tiefen Bedürfnis nach Anerkennung. Indem wir uns mit diesen Beispielen des Verrats auseinandersetzen, können wir ein besseres Verständnis für das eigene Verhalten entwickeln und lernen, wie wir den inneren Verräter in uns selbst erkennen und möglicherweise überwinden können.

Anonyme Erfahrungsberichte

Anonyme Erfahrungsberichte spielen eine entscheidende Rolle in der psychologischen Auseinandersetzung mit inneren Konflikten und persönlichen Verrätereien. Sie bieten Betroffenen die Möglichkeit, ihre Erfahrungen und Gefühle zu teilen, ohne sich der Gefahr auszusetzen, verurteilt oder stigmatisiert zu werden. Diese Berichte können als wertvolle Ressourcen dienen, um zu verstehen, wie Menschen mit ihrer eigenen inneren Stimme und den damit verbundenen Verrätern umgehen. Anonymität schafft einen Raum, in dem verletzliche Wahrheiten ausgesprochen werden können, was besonders wichtig ist, wenn es um sensible Themen wie Selbstbetrug und moralische Dilemmata geht.

Die psychologische Bedeutung anonymer Erfahrungsberichte liegt in ihrer Fähigkeit, die Isolation zu brechen, die oft mit inneren Konflikten einhergeht. Wenn Menschen ihre Geschichten anonym teilen, erkennen andere, dass sie nicht allein sind. Diese kollektive Erfahrung kann nicht nur Trost spenden, sondern auch den Mut fördern, sich den eigenen inneren Dämonen zu stellen. Der Austausch anonymisierter Berichte kann als Katalysator für persönliche Transformationen dienen, indem er den Betroffenen hilft, ihre eigenen Verhaltensmuster zu erkennen und zu hinterfragen.

Diese Erfahrungsberichte können auch als Spiegel für das eigene Verhalten fungieren. Leser können sich in den

Schilderungen anderer wiederfinden und dadurch neue Perspektiven auf ihre eigenen Entscheidungen und deren Auswirkungen gewinnen. Der Prozess des Lesens und Reflektierens über diese anonymen Geschichten kann zu tiefgreifenden Einsichten führen und dazu anregen, die eigene innere Stimme zu erforschen. Dies ist besonders relevant im Kontext der Idee des "Judas in dir", der oft als Symbol für den inneren Verräter gesehen wird, der zu Selbstzweifeln und unethischem Verhalten führt.

Darüber hinaus sind anonyme Erfahrungsberichte eine wertvolle Quelle für Forscher und Therapeuten, die die psychologischen Mechanismen hinter Verrat und Selbstbetrug verstehen möchten. Die Vielfalt der Geschichten – von alltäglichen Konflikten bis hin zu dramatischen Wendepunkten – bietet einen umfassenden Überblick über menschliches Verhalten und emotionale Reaktionen. Diese Berichte können Muster aufzeigen, die in der Therapie genutzt werden können, um Klienten bei der Identifizierung und Bewältigung ihrer eigenen inneren Konflikte zu unterstützen.

Insgesamt sind anonyme Erfahrungsberichte ein unverzichtbares Werkzeug im Verständnis des inneren Verräters. Sie ermöglichen nicht nur eine tiefere Reflexion über persönliche Herausforderungen, sondern fördern auch den Dialog über das, was es bedeutet, mit dem eigenen Judas zu leben. Indem wir die Stimmen derjenigen hören, die ähnliche Kämpfe durchlebt haben, können wir lernen, die Komplexität unserer eigenen psychologischen Landschaft besser zu navigieren und schließlich einen Weg zu finden, der uns zu innerer Heilung und Authentizität führt.

Fazit und Versuch einer Zusammenfassung

Zusammenfassung der Erkenntnisse

In diesem Kapitel „Zusammenfassung der Erkenntnisse" werden die zentralen Ergebnisse und Einsichten der vorangegangenen Diskussionen über Verrat und Loyalität zusammengefasst. Die Analyse hat gezeigt, dass jeder Mensch eine innere Auseinandersetzung mit dem Thema Verrat führt, die tief in der menschlichen Psychologie verwurzelt ist. Der Begriff "Judas in uns" dient als Metapher für die ambivalenten Gefühle, die wir gegenüber Loyalität und Verrat empfinden. Diese Spannungen sind nicht nur individuell, sondern auch gesellschaftlich von Bedeutung, da sie unsere Beziehungen, unser Vertrauen und letztlich unsere sozialen Strukturen prägen.

Im Rahmen der psychologischen Analyse des inneren Verräters, verkörpert durch die Figur des Judas, zeigt sich eine Vielzahl von Erkenntnissen, die sowohl für die persönliche Entwicklung als auch für zwischenmenschliche Beziehungen von Bedeutung sind. Diese Einsichten ermöglichen es uns, die Komplexität menschlichen Verhaltens besser zu verstehen und die eigenen inneren Konflikte zu reflektieren. Die Figur des Judas dient nicht nur als historisches Symbol für Verrat, sondern auch als Spiegelbild unserer eigenen, oft unbewussten Neigungen zur Selbstsabotage und Entfremdung.

Ein wesentlicher Aspekt, der hervorgehoben wurde, ist die universelle Neigung zum Verrat, die in verschiedenen sozialen und emotionalen Kontexten auftritt. Psychologische Theorien deuten darauf hin, dass Verrat oft aus einem inneren Konflikt zwischen Loyalität gegenüber einer Gruppe oder Person und dem eigenen Interesse resultiert. Diese Dynamik zeigt, dass Verrat nicht immer aus böswilligen Absichten entsteht, sondern auch durch Druck, Angst oder das Streben nach persönlichem Gewinn motiviert sein kann. Die Erkenntnis, dass jeder das Potenzial hat, zum „Judas" zu werden, fordert uns heraus, sowohl unsere eigenen Motivationen als auch die der anderen zu reflektieren.

Darüber hinaus wurde der Einfluss von Verrat auf zwischenmenschliche Beziehungen eingehend erörtert. Verrat kann tiefgreifende emotionale Wunden hinterlassen und das Vertrauen, das eine Grundlage für jede Beziehung bildet, erheblich beschädigen. Die Wiederherstellung dieses

Vertrauens erfordert Zeit, Verständnis und oft auch Vergebung. Die Psychologie zeigt, dass die Art und Weise, wie Individuen mit Verrat umgehen, stark von ihrer emotionalen Resilienz und den sozialen Unterstützungssystemen abhängt, die ihnen zur Verfügung stehen. Diese Erkenntnisse sind entscheidend für das Verständnis, wie Beziehungen nach einem Verrat rehabilitiert werden können.

Ein zentrales Ergebnis dieser Untersuchung ist die Erkenntnis, dass der innere Verräter oft aus einem tiefen Bedürfnis nach Zugehörigkeit und Akzeptanz resultiert. Menschen neigen dazu, sich selbst zu verraten, wenn sie glauben, dass dies notwendig ist, um den Erwartungen anderer gerecht zu werden oder um soziale Strukturen aufrechtzuerhalten. Diese Dynamik führt zu einem inneren Konflikt, der sowohl das Selbstwertgefühl als auch die Authentizität beeinträchtigen kann. Das Bewusstsein über diesen inneren Prozess eröffnet die Möglichkeit, sich von externen Erwartungen zu lösen und ein authentischeres Leben zu führen.

Darüber hinaus verdeutlicht die Analyse, dass der innere Verräter häufig in Zeiten von Stress und Unsicherheit besonders aktiv wird. In solchen Momenten neigen Menschen dazu, sich selbst zu kritisieren und ihre eigenen Bedürfnisse zu ignorieren. Dies kann zu einem Teufelskreis der Negativität führen, in dem das Selbstvertrauen weiter erodiert wird. Die Einsicht, dass diese Reaktionen oft aus einem Überlebensinstinkt heraus entstehen, hilft, sich selbst mit mehr Mitgefühl zu begegnen und Strategien zu entwickeln, um gesündere Bewältigungsmechanismen zu etablieren.

Ein weiteres wichtiges Ergebnis der Untersuchung ist das Verständnis, dass der innere Verräter nicht ausschließlich negativ betrachtet werden sollte. Er kann auch als eine Art Schutzmechanismus fungieren, der uns vor potenziellen Gefahren und Verletzungen bewahrt. Diese duale Natur des inneren Verräters eröffnet den Raum für eine differenzierte Betrachtung, bei der nicht nur die schädlichen, sondern auch die schützenden Aspekte anerkannt werden. Indem wir lernen, diesen inneren Dialog zu moderieren, können wir die Kontrolle über unsere Entscheidungen zurückgewinnen.

Ein weiterer wichtiger Punkt ist die Rolle des Vertrauens in der Gesellschaft. Vertrauen bildet das Fundament für soziale Interaktionen und Gemeinschaften. Wenn Verrat auftritt, kann dies nicht nur individuelle Beziehungen, sondern auch die kollektive Integrität einer Gemeinschaft gefährden. Die Analyse hat gezeigt, dass die Gesellschaft oft mit einem Teufelskreis konfrontiert ist: Verrat führt zu Misstrauen, was wiederum die Bereitschaft zur Loyalität untergräbt. Dies kann langfristige Auswirkungen auf die soziale Kohäsion und das allgemeine Wohlbefinden der Gemeinschaft haben.

Schließlich lässt sich zusammenfassen, dass die Auseinandersetzung mit dem inneren Verräter eine tiefgreifende Reise zur Selbstentdeckung darstellt. Die gewonnenen Erkenntnisse ermöglichen es, ein besseres Verständnis für die eigenen Motivationen und Ängste zu entwickeln. Dieser Prozess der Selbstreflexion ist entscheidend, um die eigene Identität zu stärken und die Fähigkeit zur authentischen Interaktion mit anderen zu fördern. Die psychologischen Einsichten in den Judas in uns bieten somit nicht nur Erklärungsansätze für unser Verhalten, sondern auch praktische Wege zur persönlichen Transformation und Heilung.

Abschließend lässt sich sagen, dass die Erkenntnisse über Verrat und Loyalität nicht nur für das individuelle Verständnis von Beziehungen von Bedeutung sind, sondern auch für die Gestaltung einer gesunden, vertrauensvollen Gesellschaft. Das Bewusstsein für den "Judas in uns" kann dazu beitragen, die eigenen Handlungen zu hinterfragen und eine Kultur des Vertrauens und der Loyalität zu fördern. Indem wir die psychologischen Aspekte von Verrat und Loyalität verstehen, können wir Strategien entwickeln, um die zwischenmenschlichen Beziehungen zu stärken und die negativen Folgen von Verrat zu minimieren.

Der Weg zur Versöhnung mit dem inneren Verräter

Der Weg zur Versöhnung mit dem inneren Verräter beginnt mit der Anerkennung und dem Verständnis der eigenen inneren Konflikte. Jeder Mensch trägt einen inneren Kritiker in sich, der oft als der "innere Verräter" bezeichnet wird. Dieser Teil unserer Psyche kann uns sabotieren, indem er unsere Ängste, Zweifel und negativen Glaubenssätze verstärkt. Um mit diesem inneren Verräter Frieden zu schließen, ist es notwendig, sich seiner Existenz bewusst zu werden und die zugrunde liegenden Ursachen zu erforschen. Oft stammen diese inneren Stimmen aus Kindheitserfahrungen oder gesellschaftlichen Erwartungen, die uns geprägt haben.

Ein wichtiger Schritt auf diesem Weg ist die Selbstreflexion. Indem wir innehalten und unsere Gedanken und Gefühle ehrlich hinterfragen, können wir die Mechanismen erkennen, die unseren inneren Verräter antreiben. Journaling kann ein hilfreiches Werkzeug sein, um diese Gedanken zu dokumentieren und Muster zu identifizieren. Indem wir unsere inneren Dialoge aufschreiben, gewinnen wir Klarheit darüber, wie der innere Verräter in unser Leben eingreift und welche spezifischen Situationen oder Auslöser diese negativen Gedanken hervorrufen.

Die Versöhnung erfordert auch eine Umprogrammierung der eigenen Glaubenssätze. Es ist wichtig, positive Affirmationen zu entwickeln, die den negativen Botschaften des inneren Verräters entgegenwirken. Diese Affirmationen sollten konkret und realistisch sein, um wirksam zu sein. Das regelmäßige Wiederholen dieser positiven Glaubenssätze kann helfen, das Selbstbild zu verändern und das Vertrauen in die eigenen Fähigkeiten zu stärken. Mit der Zeit wird der innere Kritiker leiser, während das Selbstvertrauen wächst.

Ein weiterer entscheidender Aspekt ist die Achtsamkeit. Durch Achtsamkeitspraktiken können wir lernen, unsere Gedanken und Emotionen zu beobachten, ohne sie sofort zu bewerten oder zu verurteilen. Diese Praxis ermöglicht es uns, eine Distanz zu unseren inneren Dialogen zu schaffen und mehr Gelassenheit im Umgang mit dem inneren Verräter zu entwickeln. Achtsamkeit fördert ein höheres Maß an Selbstakzeptanz und hilft uns, unsere Schwächen und Fehler als Teil unserer menschlichen Erfahrung zu akzeptieren.

Schließlich ist die Unterstützung durch andere nicht zu unterschätzen. Der Austausch mit Freunden, Familie oder Therapeuten kann wertvolle Perspektiven und Einsichten bieten, die uns auf unserem Weg zur Versöhnung mit dem inneren Verräter weiterhelfen. Indem wir unsere Erfahrungen teilen, können wir die Scham und Isolation, die oft mit dem inneren Verräter einhergehen, überwinden. Gemeinsam können wir Strategien entwickeln, um den inneren Kritiker zu zähmen und ein erfüllteres, authentisches Leben zu führen.

Zukunftsperspektiven in der Forschung zu Verrat und Loyalität

Die Zukunftsperspektiven in der Forschung zu Verrat und Loyalität sind vielschichtig und können verschiedene Disziplinen und Ansätze umfassen. Angesichts der zunehmenden Komplexität zwischenmenschlicher Beziehungen in einer globalisierten Welt wird die Auseinandersetzung mit Verrat und Loyalität immer relevanter. Psychologen, Soziologen und Kulturwissenschaftler können gemeinsam daran arbeiten, ein tieferes Verständnis für die Motivationen hinter Verrat und die Mechanismen von Loyalität zu entwickeln. Dies könnte dazu beitragen, nicht nur individuelle Verhaltensweisen zu erklären, sondern auch gesellschaftliche Dynamiken zu beleuchten.

Ein vielversprechender Forschungsbereich ist die Untersuchung der Bedingungen, unter denen Loyalität und Verrat entstehen. Hierbei spielen emotionale, soziale und kulturelle Faktoren eine entscheidende Rolle. Die Frage, warum Menschen in bestimmten Situationen loyal sind und in anderen Fällen verraten, könnte durch experimentelle

Studien und qualitative Interviews weiter erforscht werden. Solche Studien könnten auch aufzeigen, inwieweit bestimmte Persönlichkeitsmerkmale, wie Empathie oder Misstrauen, die Neigung zu verraten oder loyal zu sein, beeinflussen.

Die Rolle von Vertrauen in der Gesellschaft wird ebenfalls zunehmend in den Fokus der Forschung rücken. Vertrauen ist das Fundament, auf dem zwischenmenschliche Beziehungen gebaut werden, und sein Verlust durch Verrat hat weitreichende Konsequenzen. Zukünftige Studien könnten sich mit den Mechanismen befassen, die dazu führen, dass Vertrauen gebrochen wird, sowie mit den Strategien, die Individuen und Gruppen entwickeln, um nach einem Verrat wieder Vertrauen aufzubauen. Solche Erkenntnisse wären nicht nur für die Psychologie von Bedeutung, sondern könnten auch praktische Implikationen für Organisationen und Gemeinschaften haben.

Ein weiterer wichtiger Aspekt ist die digitale Transformation und deren Einfluss auf Loyalität und Verrat. In einer Welt, in der soziale Medien und digitale Kommunikation alltäglich sind, verändern sich die Dynamiken von Beziehungen grundlegend. Die Forschung könnte untersuchen, wie Online-Interaktionen Loyalität und Verrat beeinflussen und welche neuen Formen von Verrat in digitalen Räumen entstehen. Diese Perspektive könnte helfen zu verstehen, wie sich traditionelle Konzepte von Loyalität und Verrat in der modernen Gesellschaft weiterentwickeln und anpassen.

Letztendlich kann die Forschung zu Verrat und Loyalität auch praktische Anwendungen finden, etwa in der Konfliktlösung oder in der Organisationspsychologie. Ein vertieftes Verständnis dieser Konzepte könnte Führungskräften und Mediatoren helfen, Konflikte besser zu managen und gesunde, vertrauensvolle Beziehungen innerhalb von Teams und Gemeinschaften zu fördern. Die Ergebnisse solcher Forschungen könnten nicht nur das individuelle Verhalten beeinflussen, sondern auch zu einer stärkeren sozialen Kohäsion und einem besseren Verständnis für die Komplexität menschlicher Beziehungen beitragen.

Der Weg zu einem besseren Verständnis menschlicher Beziehungen

Der Weg zu einem besseren Verständnis menschlicher Beziehungen beginnt mit der Auseinandersetzung mit den komplexen Emotionen, die unser soziales Miteinander prägen. In jedem von uns schlummert ein innerer Judas, der uns dazu bringt, über Loyalität und Verrat nachzudenken. Diese innere Stimme kann sowohl konstruktiv als auch destruktiv wirken. Durch das Verständnis dieser Dualität können wir ein tieferes Bewusstsein für die Motivationen und Ängste entwickeln, die unsere zwischenmenschlichen Beziehungen beeinflussen. Es ist wichtig, sich der Tatsache bewusst zu sein, dass Verrat nicht immer aus böswilligen Absichten resultiert, sondern oft aus einem Gefühl der Verletzung oder Enttäuschung.

Ein zentraler Aspekt beim Verständnis von Verrat ist die Rolle des Vertrauens. Vertrauen ist das Fundament jeder Beziehung, sei es in Freundschaften, romantischen Partnerschaften oder beruflichen Verhältnissen. Wenn dieses Vertrauen gebrochen wird, kann dies weitreichende Folgen haben. Menschen neigen dazu, sich von anderen zurückzuziehen, ihre Emotionen zu verbergen und zukünftige Beziehungen mit Skepsis zu betrachten. Ein tiefes Verständnis dafür, wie Vertrauen aufgebaut und gefährdet wird, kann uns helfen, die Dynamik von Verrat und Loyalität besser zu begreifen.

Die psychologischen Aspekte von Verrat und Loyalität sind tief in unseren Erfahrungen verwurzelt. Oftmals spielen frühkindliche Erlebnisse, wie der Umgang mit Enttäuschungen oder die Erfahrungen mit Verlust, eine entscheidende Rolle in der Art und Weise, wie wir Beziehungen im Erwachsenenleben gestalten. Diese Prägungen führen dazu, dass wir entweder dazu neigen, anderen zu vertrauen, oder jedoch defensiv und misstrauisch sind. Indem wir uns mit unseren eigenen Erfahrungen auseinandersetzen, können wir Muster erkennen und lernen, wie wir gesündere Beziehungen aufbauen können.

Ein weiterer wichtiger Faktor ist der Einfluss von gesellschaftlichen Normen und Erwartungen auf unsere zwischenmenschlichen Beziehungen. Oftmals werden wir von kulturellen Werten und sozialen Rollen geprägt, die uns dazu bringen, bestimmte Verhaltensweisen zu zeigen oder zu unterdrücken. Diese Normen können sowohl positive als auch negative Auswirkungen auf unsere Beziehungen haben. Ein kritisches Hinterfragen dieser gesellschaftlichen Erwartungen kann dazu beitragen, ein besseres Verständnis für unsere eigenen Bedürfnisse und die unserer Mitmenschen zu entwickeln.

Ganz am Ende ist der Weg zu einem besseren Verständnis menschlicher Beziehungen auch ein Weg der Selbstreflexion. Indem wir uns mit unseren eigenen inneren Konflikten und der Frage nach Loyalität und Verrat auseinandersetzen, können wir nicht nur uns selbst besser verstehen, sondern auch empathischer gegenüber anderen werden. Dieser Prozess erfordert Mut und Offenheit, ist jedoch entscheidend, um gesunde, vertrauensvolle Beziehungen aufzubauen. Ein tieferes Verständnis für die menschliche Psyche wird uns helfen, die Herausforderungen, die das Leben uns stellt, besser zu meistern und letztlich zu erfüllenderen Beziehungen zu gelangen.